CB120739

A legalização do *Dispute Boards* no Brasil

O que é o comitê de resolução de disputas, suas características e seu avanço na legislação brasileira

Daniel Freitas Resende

Pós-Graduado em Direito Processual Civil. Pós-Graduado em Gestão de Cooperativas de Crédito. Presidente da Comissão de Arbitragem da OAB/MG – Triênio 2019/2021. Membro Consultor da Comissão Especial de Arbitragem do Conselho Federal da OAB Triênio – 2019/2021. Coordenador do Conselho Fiscal do Sicoob Credicopa. Fundador/Presidente da Sociedade de Garantia de Crédito do Alto Paranaíba – GarantiParanaíba.

A legalização do *Dispute Boards* no Brasil

O que é o comitê de resolução de disputas, suas características e seu avanço na legislação brasileira

editora Del Rey

Belo Horizonte

2022

Copyright © 2022 Editora Del Rey Ltda.
Nenhuma parte deste livro poderá ser reproduzida, sejam quais forem os meios empregados, sem a permissão, por escrito, da Editora.
Impresso no Brasil | *Printed in Brazil*

EDITORA DEL REY LTDA.
www.livrariadelrey.com.br

Editor: Arnaldo Oliveira

Editor Adjunto: Ricardo A. Malheiros Fiuza (*in memoriam*)

Coordenação Editorial: Letícia Neves

Diagramação e revisão: Know-how Editorial

Capa: JP Designer

Editora:
Rua dos Goitacazes, 71 – Lojas 20 a 24
Centro – Belo Horizonte – MG
CEP 30190-050

Comercial:
Tel.: (31) 3284-3284 / 3293-8233
vendas@editoradelrey.com.br

Editorial:
editorial@editoradelrey.com.br

CONSELHO EDITORIAL:

Alice de Souza Birchal
Antônio Augusto Cançado Trindade
Antonio Augusto Junho Anastasia
Antônio Pereira Gaio Júnior
Aroldo Plínio Gonçalves
Carlos Alberto Penna R. de Carvalho
Dalmar Pimenta
Edelberto Augusto Gomes Lima
Edésio Fernandes
Felipe Martins Pinto
Fernando Gonzaga Jayme
Hermes Vilchez Guerrero
José Adércio Leite Sampaio
José Edgard Penna Amorim Pereira
Luiz Guilherme da Costa Wagner Junior
Misabel Abreu Machado Derzi
Plínio Salgado
Rénan Kfuri Lopes
Rodrigo da Cunha Pereira

R433l Resende, Daniel Freitas
A legalização do *Dispute Boards* no Brasil: O que é o comitê de resolução de disputas, suas características e seu avanço na legislação brasileira / Daniel Freitas Resende; prefácio de Antonio Anastasia; posfácio de Francisco Maia Neto.-- Belo Horizonte: Del Rey, 2022
80 p.; 14x21 cm.

Bibliografia: p. 51-53.
ISBN: 978-65-00-44979-2

1. Processo civil - Brasil. 2. Resolução de disputas (Direito). 3. Conflito - Administração. 4. Contrato público. I. Título.

CDU 347.925(81)

Junio Martins Lourenço – Bibliotecário – CRB-6 3167

Dedico esta obra a Deus.

Minha esposa, Virgínia, e meus filhos, João Daniel,
Alice Virgínia e Eduardo Daniel.

Meus pais, Vanderlino Resende e Zelma Freitas.

Meus irmãos, Alba Valéria, Sibele e Wanderlino Junior.

AGRADECIMENTOS

Agradeço ao ex-Governador de Minas Gerais, ex-Senador da República e atualmente Ministro do Tribunal de Contas da União Antonio Anastasia pelo prefácio deste livro.

Agradeço ao ilustre jurista Presidente da Comissão de Mediação, Conciliação e Arbitragem da OAB/MG e Coordenador do Núcleo para *Dispute Resolution Boards* da Carb/OAB/MG – triênio 2019/2021 – Francisco Maia Neto pelo posfácio deste livro.

PREFÁCIO

UMA OBRA IMPORTANTE PARA UM NOVO MOMENTO DA ADMINISTRAÇÃO PÚBLICA NO BRASIL

O brasileiro necessita de serviços públicos de melhor qualidade. Quem pode discordar disso? No modelo normativo de Constituição que escolhemos no Brasil, o Estado é o responsável por diversas políticas públicas, dentre elas algumas fundamentais para a garantia completa da cidadania, como o acesso à educação, saúde, segurança pública, infraestrutura. Ao mesmo tempo, sabemos bem, são ainda diversos os empecilhos que impedem a concretização desse acesso. Um dos grandes gargalos, que atinge todas essas áreas, são as obras públicas inacabadas. São hospitais, escolas, estradas, penitenciárias, equipamentos dos mais diversos que consomem recursos públicos e que passam ao cidadão a sensação de ineficiência do serviço público e de revolta.

Levantamento de 2020 realizado pelo Tribunal de Contas da União demonstrou que, de um total de 25.274 contratos relacionados às obras financiadas com recursos da União em todo o País, 7.689 encontravam-se paralisadas. É um número estarrecedor e inaceitável. Tudo isso sem se contabilizar as obras financiadas com recursos estaduais ou municipais.

Esse número poderia ser muito menor se os Comitês de Prevenção e Solução de Disputas, os chamados *Dispute Boards*, já fossem prática costumeira em nosso País. Como relator da nova Lei de Licitações e Contratos Administrativos (Lei 14.133), tive a honra de garantir nesse relevante marco legal esses comitês como meios alternativos de resolução de controvérsias (artigo 151), o que será importante para aumentarmos esses institutos por todo o País.

Da mesma forma, apresentei o PLS 206/2018, que regulamenta, no âmbito federal, a criação e o funcionamento desses comitês em contratos firmados pela Administração Pública. A proposta, já aprovada no Senado Federal, está agora em análise na Câmara dos Deputados, sob o número PL 2.421/2021.

Incentivar a criação e o bom funcionamento desses comitês como forma de desjudicializar processos, diminuir a quantidade de obras inacabadas – consequentemente o desperdício de recursos – e melhorar a qualidade do serviço prestado pela Administração à população é o dever daqueles que se preocupam com um Estado mais eficiente. Mas não bastam as Leis. É importante que tenhamos atores verdadeiramente preparados para assumir e coordenar esses comitês. Por isso esta obra é fundamental.

Nas próximas páginas, Daniel Freitas Resende apresenta não só o histórico desse instituto no Brasil e no mundo, mas diversas experiências exitosas da aplicação desses comitês já em curso em diversos municípios brasileiros. A obra é fruto de seu dedicado estudo sobre o tema e de sua experiência como presidente da Comissão de Arbitragem da Ordem dos Advogados do Brasil – Seção Minas Gerais, que, sob sua liderança, já havia editado uma cartilha sobre esse tema.

A legalização do Dispute Boards *no Brasil: o que é o comitê de resolução de disputas, suas características e seu avanço na legislação brasileira* tende a se tornar referência para juristas, especialistas, estudantes e profissionais da área. Seu conteúdo poderá colaborar sobremaneira com aqueles que querem se aprofundar sobre essa temática, que deverá estar cada vez mais presente no cotidiano da Administração Pública em nosso País. Cumprimento o Dr. Daniel pela iniciativa e por apresentar à Academia e ao mundo jurídico material de escol, que vai colaborar para a difusão desses comitês e para garantir a legitimidade e a qualidade de suas decisões.

Antonio Anastasia
Ministro do TCU.
Ex-senador da República.

APRESENTAÇÃO

A união entre o público e o privado sempre se revelou desafiadora. Afinal, o conflito entre a vontade do indivíduo e da coletividade remonta às primeiras sociedades humanas. Contudo, é possível perceber que o embate ganhou contornos mais claros e bem definidos a partir do surgimento do Estado moderno. Para compreendermos melhor essa ideia, traçaremos um breve panorama histórico sobre a concepção contemporânea do Estado.

O paradigma atual surge com viés claramente liberal, cujo objetivo principal era assegurar o direito à vida, à liberdade e à propriedade. O inglês Thomas Hobbes[1], em seu *Leviatã* (1651), afirma que o Estado emerge como moderador das paixões dos homens, impondo limites aos apetites naturais a fim de garantir uma vida longa e feliz, vejamos:

> A causa final, fim ou desígnio dos homens (que apreciam, naturalmente, a liberdade e o domínio sobre os

---

1 HOBBES, Thomas. **Leviatã, ou Matéria, forma e poder de um Estado eclesiástico e civil.** Trad. Rosina D'Angina; consultor jurídico Thlélio de Magalhães. 2. ed. São Paulo: Martin Claret, 2012. p. 136.

> outros), ao introduzir restrições a si mesmos que os leva a viver em Estados, é a preocupação com sua própria conservação e a garantia de uma vida feliz. Ou seja, a vontade de abandonar a mísera condição de guerra, consequência necessária (conforme dito anteriormente) das paixões naturais dos homens, [...].

A inovação do pensamento de Hobbes está em evidenciar a necessária limitação dos impulsos individuais a fim de assegurar a convivência harmônica em sociedade. Não se trata de substituir o modelo monárquico, mas sim de reconhecer o Estado como instrumento garantidor de sobrevivência e de felicidade. Hobbes entende que isso só é possível quando o próprio Estado promove a defesa dos direitos naturais, que em sua concepção seriam, por excelência, a vida e a propriedade. Ao assegurar ambos os direitos, o Estado possibilitaria o pleno e efetivo exercício da liberdade.

Nesse sentido, autores posteriores, como John Locke e Jean-Jacques Rousseau – denominados contratualistas – desenvolveram os fundamentos da sociedade moderna buscando delimitar a função e o papel do Estado na vida do homem. Assim, as primeiras teorias apontavam para uma postura não intervencionista nas relações privadas, competindo ao governo resguardar os direitos básicos, como vida, propriedade e liberdade (posteriormente reconhecidos como direitos fundamentais[2]).

---

2 Sobre os direitos fundamentais, suas origens remontam à Magna Carta inglesa – e os institutos posteriormente correlatos como *Habeas corpus*, *Freedom of Speach*, etc., o *Bill of Rights* americano e a Declaração dos Direitos do Homem e do Cidadão francesa.

O ideal não intervencionista vigorou por mais de um século, acarretando o distanciamento entre o público e o privado. Nesse contexto, o cientista político Benjamin Constant[3], ao proferir seu célebre discurso no Ateneu Real de Paris, em 1819, afirmou que a liberdade dos modernos é diferente da liberdade dos antigos. Enquanto os primeiros deveriam se ocupar de seus negócios particulares, os segundos estavam mais pendentes das questões de Estado, como fazer a guerra e celebrar a paz, *in verbis*:

> Assim, entre os antigos, o indivíduo, soberano quase que habitualmente nos negócios públicos, é escravo em todas as suas relações privadas. Como cidadão ele decide sobre a paz e a guerra; como particular ele é circunscrito, observado, reprimido em todos os seus movimentos. Como porção do corpo coletivo, ele interroga, destitui, condena, expropria, exila, cunha de morte seus magistrados ou seus superiores; como submetido ao corpo coletivo, ele pode, por sua vez, ser privado de sua situação, destituído de suas dignidades, banido e condenado à morte pela vontade arbitrária do conjunto do qual faz parte. Entre os modernos, ao contrário, o indivíduo, independente na vida privada, não é nem mesmo nos Estados mais livres — soberano senão em aparência.

Para Constant, o indivíduo deveria deixar a administração do Estado nas mãos dos representantes eleitos, competindo-lhe apenas dar um voto de aprovação ou de rejeição, no tocante ao trabalho realizado pelos governantes, em cada eleição. O

---

3 CONSTANT, Benjamin. **A liberdade dos antigos comparada à dos modernos.** São Paulo: Edipro. Edição do Kindle. p. 37.

problema é que, em certa medida, essa postura acabou por enfraquecer no indivíduo a consciência social, ou seja, a noção de que a construção e manutenção do espaço público também lhe compete. É possível perceber que, aos poucos, o homem vai se tornando um ser cada vez mais atomizado, fechado em seu próprio egoísmo, que perde o sentimento de pertencimento à coletividade e a profundidade do conceito de cidadania.

A partir do século XX, é possível perceber que o individualismo exacerbado, aliado as profundas transformações sociais ocorridas no período anterior, abalaram profundamente o alicerce do modelo liberal. Afinal, foi esse paradigma que permitiu as maiores explorações do homem pelo homem, com drástica deterioração das condições de trabalho e de vida, culminando em reivindicações por mais igualdade e participação política. Desta forma, os povos passaram a pleitear direitos extensíveis a todos os cidadãos (tais como associação laboral e política, sufrágio universal, etc.), além de medidas estatais para promoção da qualidade de vida da população, gerando um modelo de Estado de bem-estar social, que ganhou o mundo na primeira metade do século XX.

Entretanto, o paradigma social transformou profundamente os objetivos do Estado, convertendo-o em instituição primordialmente assistencialista, destinada a suprir os inúmeros serviços e necessidades das sociedades complexas. Tal fato acarretou o inchaço da máquina pública e a falência econômica do governo, que foi obrigado a adotar um modelo liberal mitigado como forma de conter o aumento das despesas públicas e assegurar o funcionamento de sua administração.

Nesse sentido, as políticas adotadas por Ronald Reagan (Estados Unidos) e Margaret Thatcher (Grã-Bretanha) possibilitaram o desenvolvimento de um modelo de Estado neoliberal, no qual se amplia o rol dos direitos considerados fundamentais, ao passo em que se busca assegurar alguns direitos sociais. De tal modo, as nações passam a incorporar em sua legislação diretrizes para a construção de espaços que contem com a participação pública e privada. É uma tentativa de concretizar uma sociedade mais livre e, ao mesmo tempo, fraterna.

Justamente nesse contexto, a Constituição brasileira de 1988 fixou como metas claras do Estado (I) construir uma sociedade livre, justa e solidária; (II) garantir o desenvolvimento nacional; (III) erradicar a pobreza e a marginalização e reduzir as desigualdades sociais e regionais; além de (IV) promover o bem de todos, sem preconceitos de origem, raça, sexo, cor, idade e quaisquer outras formas de discriminação.[4] Ao longo do texto constitucional, o legislador brasileiro aponta para a necessidade de alcançar essas metas por meio da união entre a iniciativa pública e a privada.

Feito esse breve panorama histórico, é preciso advertir que a obra do advogado Daniel Resende constitui uma tentativa prática de promover e difundir a cultura da colaboração entre o Estado e o particular, concretizando os princípios constitucionais da solidariedade e da fraternidade, sem perder de vista o desenvolvimento social. Para tanto, o autor estabelece, como ponto de partida, que o progresso demanda a diminuição do inchaço da máquina pública, propondo a arbitragem e a mediação como mecanismos para diminuir as demandas que abarrotam o Poder Judiciário.

Ao que parece, essa foi a inquietação que motivou o escritor a se debruçar sobre o tema dos Comitês de Resolução de

---

4 Conforme o art. 3º da Carta Constitucional, estes são os objetivos fundamentais da República Federativa do Brasil (BRASIL, 2022).

Disputas (ou *Dispute Boards,* em sua nomenclatura original), a fim de compreender seus contornos jurídicos e sua aplicabilidade aos casos concretos. Para tanto, Freitas pesquisou as origens do instituto, cujas raízes remontam às soluções encontradas pelo governo dos Estados Unidos da América para conferir mais celeridade e eficácia à contratação de grandes obras públicas.

Dessa forma, a presente obra analisa os métodos extrajudiciais de soluções de conflitos, reunindo dados estatísticos que corroboram a eficácia da solução consensual mediante o estabelecimento de um árbitro imparcial, previamente escolhido pelas partes. Com base em tais resultados, Freitas discorre sobre os Comitês de Resoluções de Disputas, trazendo à tona casos práticos – como o da linha amarela do metrô de São Paulo, obra de grande complexidade técnica, cuja execução acarretou embates entre o órgão público contratante e o particular contratado.

Ainda, o livro aponta as várias características dos Comitês de Resolução de Disputas, delineando com clareza seus múltiplos benefícios, como a solução célere, a possibilidade de designar julgadores técnicos e qualificados, custo reduzido do procedimento e o esforço dos árbitros para a convergência dos interesses das partes.

Além de trazer as características jurídicas do instituto, a obra descortina os avanços já realizados no Brasil, registrando os empenhos dos Poderes Legislativos federal e municipal (como São Paulo, Belo Horizonte e Porto Alegre) em suas buscas por implantar o Comitês de Resolução de Disputas, assegurando uma opção menos onerosa e mais rápida para a solução dos embates contratuais.

Como se não bastasse, o livro relata o empenho prático do autor em implementar a mentalidade da mediação como forma de solução de disputas, a fim de se evitar o litígio. Nesse particular, Freitas retrata a realidade do Judiciário brasileiro, sobrecarregado em número de processos, que luta com dificuldades para entregar a prestação jurisdicional da maneira mais célere possível. O advogado aponta que a arbitragem e a medição são caminhos que podem proporcionar a solução adequada e mais veloz dos conflitos que surgem entre as partes contratantes.

Enquanto advogado militante, e que ocupou os mais diversos postos junto à Ordem dos Advogados do Brasil, Freitas encontra-se em local privilegiado para tratar do tema e de seus desafios com propriedade ímpar. A tal ponto que, em distintas passagens de seu livro, as soluções encontradas pelos diferentes órgãos legislativos ressaltam a participação pessoal do autor, seja como consultor da Ordem dos Advogados do Brasil (nacional), seja como presidente da Comissão de Arbitragem da OAB/MG ou mesmo como membro e administrador de diversas entidades associativas.

Daniel Freitas é um verdadeiro entusiasta da mediação e da arbitragem, que busca, há muitos anos, incutir essa mentalidade no povo brasileiro. Prova disso são as instalações dos inúmeros centros de conciliação extrajudicial, em suas diversas nomenclaturas, que o autor conseguiu viabilizar em parceria com as mais diversas entidades públicas e privadas, tais como o Tribunal de Justiça de Minas Gerais, o Sebrae e a Federaminas.

Com base em sua pesquisa detalhada, aliada às suas competências de advogado e gestor, o escritor aponta que a contratação precedida de um bom planejamento pode reduzir os riscos e o tempo de execução de obras públicas, aumentando a eficácia do empreendimento e gerando economia e satisfação para o cidadão comum. Tudo isso sem sobrecarregar as prateleiras do Poder Judiciário que tenta, a todo custo, dar vazão à demanda que lhe é apresentada pela população.

Feita essa breve apresentação, peço licença ao leitor para registrar meus agradecimentos ao autor por nos brindar com essa obra, que chega ao mercado no momento mais oportuno possível. Assim como Daniel Freitas, partilho da visão de que a união de esforços entre as entidades públicas e privadas é o caminho mais adequado para realizarmos os ideais que foram registrados na Constituição Cidadã de 1988.

Faço votos para que o autor siga firme em sua caminhada, divulgando, ensinando e implementando os métodos de solução extrajudicial de controvérsias. Não tenho dúvidas de que o maior beneficiado será o povo brasileiro. Que Deus abençoe Daniel Freitas nessa empreitada!

Adriano Aro
Advogado. Mestre e Doutorando em Direito Público pela Pontifícia Universidade Católica de Minas Gerais – PUC-Minas. Conselheiro da Ordem dos Advogados do Brasil.
Presidente da Federação Mineira de Futebol.

SUMÁRIO

INTRODUÇÃO

Quando fui apresentado aos métodos adequados de solução de conflitos,[1] no ano de 2008, compreendi um ensinamento de mais de 2 mil anos de existência: que a pacificação

[1] "[...] Na busca de mecanismos que possam promover ruptura com o formalismo do processo, as partes buscam soluções por intermédio de meios alternativos a jurisdição estatal, como é o caso da conciliação, mediação e da arbitragem. São os métodos de resolução dos conflitos de interesses como alternativas a jurisdição, como mais uma via de acesso à justiça. Nesses casos, fala-se, aliás, em deformalização das controvérsias, observando-se uma verdadeira descentralização dos serviços jurisdicionais, com aproximação das pessoas (cidadãos) na administração da justiça. Tais soluções alternativas, frise-se, podem ser tanto endoprocessuais quanto extraprocessuais." RUIZ, Ivan Aparecido. Princípio do acesso justiça. *In:* CAMPILONGO, Celso Fernandes; GONZAGA, Alvaro de Azevedo; FREIRE, André Luiz (coord.). *Enciclopédia jurídica da PUC-SP*. São Paulo: Pontifícia Universidade Católica de São Paulo, 2017. Tomo: Processo Civil (coord. Cassio Scarpinella Bueno e Olavo de Oliveira Neto). Disponível em: https://enciclopediajuridica.pucsp.br/verbete/201/edicao-1/principio-do-acesso-justica. Acesso em: 15 abr. 2022.

social estava, também, no "caminho até o juiz"[2] e não só no sobrecarregado Poder Judiciário.

A sobrecarga é reconhecida pelo próprio Conselho Nacional de Justiça – CNJ, que, no ano de 2020, declarou que os Tribunais brasileiros receberam 25,8 milhões de novos processos só naquele ano, culminando num estoque pendente de julgamento de 75,4 milhões de processos que aguardam uma solução do judiciário brasileiro.[3]

Os números do CNJ comprovam a necessidade de buscar alternativas para a solução dos conflitos. Como o próprio Ministro Luiz Fux afirmou:

> [...] não há Justiça efetiva se ela não durar um tempo razoável, como promete a nossa Constituição. Temos atuado fortemente na ampliação da tecnologia, visando à melhoria do acesso à Justiça e da prestação jurisdicional. No entanto, para que se alcance a paz social, é essencial o envolvimento de todo o Sistema de Justiça na promoção dos métodos adequados de solução das controvérsias.[4]

Desde meu primeiro contato com os métodos adequados de solução de conflitos, tracei como propósito para minha

---

2 Mateus 5:25.

3 BRASIL. Conselho Nacional de Justiça – CNJ. **Justiça em Números 2021:** Judiciário manteve serviços com inovação durante a pandemia. 28 set. 2021. Disponível em: https://www.cnj.jus.br/justica-em-numeros-2021-judiciario-manteve-servicos-com-inovacao-durante-a-pandemia/. Acesso em: 15 abr. 2022.

4 BRASIL. Conselho Nacional de Justiça – CNJ. **Fux:** conciliação deve promover diálogo entre as partes para negociação possível. 9 nov. 2021. Disponível em: https://www.cnj.jus.br/fux-conciliacao-deve-promover-dialogo-entre-as-partes-para-negociacao-possivel/. Acesso em: 15 abr. 2022.

atuação profissional buscar a pacificação social com o emprego dos métodos autocompositivos para aqueles que me procurassem. Também busquei fomentar e difundir a cultura da pacificação social em minhas atividades profissionais e sociais.

Minha primeira oportunidade de difusão dessa cultura pacificadora ocorreu quando presidi a Associação Comercial e Industrial de Patos de Minas – Acipatos (biênio 2009-2011). Naquela oportunidade, em parceria com o Serviço de Apoio às Micro e Pequenas Empresas – Sebrae, o Centro Universitário de Patos de Minas – Unipam, a Confederação das Associações Comerciais – CACB e o Tribunal de Justiça de Minas Gerais – TJMG, inauguramos o primeiro Posto Avançado de Conciliação Extraprocessual na Comarca de Patos de Minas, na sede da Acipatos. A Federação das Associações Comerciais de Minas Gerais – Federaminas, a Confederação das Associações Comerciais do Brasil – CACB, o Sebrae e o TJMG, sob a liderança da sua então Terceira Vice-Presidente, Desembargadora Márcia Milanez, e de seu entao Assessor e hoje Juiz de Direito da Comarca de Muriaé, Dr. Juliano Carneiro Veiga, desdobraram-se e naquele mesmo dia foram inaugurados mais dois Postos Avançados de Conciliação Extraprocessual – Pace na sede das Associações Comerciais das cidades de Uberaba e Uberlândia.

Nos Paces o método utilizado para resolução dos conflitos é o da "Concilição", que é uma forma mais simples de resolver o problema, sem vencedores e vencidos, em que um terceiro (neutro) trabalha junto com as partes envolvidas no conflito para que todos possam ganhar.

Os Paces, aplicando o método da conciliação, ajudaram diversos empresários e consumidores a resolver seus conflitos, e já no ano de 2011 fui convidado a coordenar, pela

Federaminas, esse projeto em Minas Gerais, o que fiz até o ano de 2016. Nesse período instalamos mais de 50 postos de conciliação nas sedes das Associações Comerciais mineiras, e em algumas delas a oportunidade de resolver conflitos pela conciliação é oferecida até hoje. É o que ocorre, por exemplo, na Associação Comercial de Uberaba, que já realizou, desde a sua inauguração, mais de 25 mil audiências frutíferas, retornando ao comércio daquela cidade mais de 50 milhões de reais.[5]

Durante o tempo em que coordenei a instalação dos Paces em Minas Gerais, percebi que precisaria também ajudar outros colegas advogados a compreender melhor os métodos adequados de solução de conflitos. Conversei com o então candidato a Presidente da Ordem dos Advogados do Brasil – Seção Minas Gerais Antônio Fabrício Gonçalves sobre essa necessidade, e, tão logo ele foi eleito Presidente, me convidou a ser Vice-Presidente da Comissão de Conciliação e Arbitragem da OAB/MG (CCA-/OAB/MG) para o triênio 2016-2019. Durante esse tempo, tive oportunidade de colaborar na difusão da cultura da pacificação social, ajudando a apresentar para os advogados mineiros as vantagens, tanto para eles quanto para seus clientes, em utilizar os métodos adequados de solução de conflitos como forma de resolução de controvérsias.

A Comissão de Arbitragem da OAB/MG – triênio 2016/2019, sob a Presidência do ilustre Jurista Francisco Maia Neto, trabalhou arduamente e realizou grandes feitos. Lançou,

5 O Pace da Aciu existe desde 2010 e já negociou mais de 50 milhões de reais desde seu surgimento, com mais de 25 mil audiências frutíferas. ASSOCIAÇÃO COMERCIAL, INDUSTRIAL E DE SERVIÇOS DE UBERABA – Aciu. **Pace da Aciu realizará audiências conciliatórias virtuais.** 8 maio 2020. Disponível em: https://aciu.com.br/noticias/9949/pace-da-aciu-realizar-audincias-conciliatrias-virtuais. Acesso em: 15 abr. 2022.

inclusive, uma cartilha para orientar os advogados sobre as vantagens de utilizar a arbitragem, que é um método privado de solução de conflitos relativos a direitos patrimoniais disponíveis, ou seja, direitos que podem ser negociados em contrato.

> Na arbitragem, um ou mais árbitros escolhidos pelas partes decidem a controvérsia, sem intervenção do Poder Judiciário. A decisão dos árbitros não comporta recurso e tem a mesma força de uma sentença judicial. A arbitragem é diferente de outros métodos privados de solução de conflitos (como a negociação, conciliação e mediação), porque, ao final do processo, há uma decisão final e obrigatória sobre a disputa.[6]

Na gestão seguinte da Seccional da OAB/MG – triênio 2019/2021 –, fui convidado pelo Presidente Raimundo Cândido Junior a presidir a Comissão de Arbitragem da OAB/MG, com um pedido especial de levarmos a cultura da pacificação social pelo interior do Estado, apresentando aos colegas advogados mineiros as suas vantagens. Com o apoio do então Conselheiro Federal Antônio Fabrício, fui nomeado Membro Consultor da Comissão Especial de Arbitragem do Conselho Federal da OAB. Em Brasília, tive um contato mais próximo com o instituto dos *Dispute Boards* e não tive dúvidas de que, por meio dele, poderíamos ter as relações em contratos continuados pacificadas e evitar os prejuízos que uma obra pública

[6] INSTITUTO BRASILEIRO DE AVALIAÇÕES E PERÍCIAS DE ENGENHARIA DE MINAS GERAIS – IBAPE-MG. **OAB-MG lança cartilha de boas práticas na arbitragem.** 31 ago. 2016. Disponível em:https://www.ibapemg.com.br/noticia/oab-mg-lanca-cartilha-de-boas-praticas-na-arbitragem/. Acesso em: 15 abr. 2022.

paralisada traz para a população que está na expectativa de receber os benefícios do empreendimento licitado pela Administração Pública. Convenci-me de que poderia dar uma importante contribuição, também, enquanto presidente da CArb/OAB/MG ajudando a disseminar esse instituto, importado de países desenvolvidos para o nosso Brasil.

Na Comissão, entendemos que a melhor forma de ajudar a disseminar o *Dispute Boards,* previsto no artigo 151 da Lei nº 14.133, de 1º de abril de 2021, além da publicação de cartilha orientadora, seria a regulamentação de seu uso por meio de leis municipais, o que também passamos a incentivar, conforme demonstrarei nas linhas seguintes. Mas, antes disso, importante se faz esclarecer um pouco mais sobre o *Dispute Resolution Boards,* ou Comitês de Resolução de Disputas, e as vantagens de sua utilização.

1

O QUE É O DISPUTE *RESOLUTION BOARDS* OU COMITÊ DE RESOLUÇÃO DE DISPUTAS?

O *Dispute Resolution Boards - DRB,* em inglês, e Comitê de Resolução de Disputas - CRD, em português, segundo Dantas (2020),[1] é comumente utilizado nos Estados Unidos e Europa, geralmente na construção de grandes obras de infraestrutura, mas podendo ser empregado em obras de menor vulto desde que o contrato seja de prestação continuada. Assim, o *Dispute Boards* é um mecanismo adequado de solução de conflitos oriundos de contratos que exigem um acompanhamento contínuo durante sua execução.

Embora o CRD tenha sido mais utilizado em obras de construção civil ou infraestrutura, sua atuação não se limita a essa área da engenharia, abrangendo outros direitos patrimoniais disponíveis. Podem ser empregados nos contratos de trato

---

1 DANTAS, Rodrigo da Costa; DANTAS, Débora Correa. ***Dispute boards* e a prevenção de litígios.** Garibaldi: Faculdade FISUL, 2016.

continuado, que são aqueles que sobrevivem com a persistência da obrigação, nos termos do artigo 478 do CC, solvendo-se num espaço mais ou menos longo de tempo, por exemplo: contratação de empreiteiras para execução de obras de infraestrutura, contratação de retíficas de motores para manutenção de motores com garantia estendida etc. Desses contratos podem surgir diversas dificuldades na resolução de controvérsias que venham a aparecer durante a execução dos serviços contratados. Desse modo, o CRD vem justamente para criar mais mecanismos de soluções extrajudiciais para essas questões controversas, em homenagem aos princípios da eficiência, celeridade e segurança jurídica.

Um dos primeiros atos em minha gestão à frente da Comissão de Arbitragem da OAB/MG foi o de retomar o núcleo de discussão acerca do *Dispute Boards* e estabelecer como meta o lançamento de uma cartilha com o objetivo de esclarecer, de forma didática, as vantagens desse instituto. Em capítulo próprio deste livro tratarei sobre o conteúdo dessa cartilha, mas adianto aqui o que externei quando de seu lançamento desta:

> [...] a formação do comitê de resoluções de disputa se dá no ato do contrato, sendo constituído por profissionais imparciais que acompanharão o desenvolvimento da obra ou da prestação do serviço, prevenindo-a de litígios e auxiliando as partes durante a execução da mesma.[2]

O *Dispute Boards*, pode ser bastante proveitoso, trazendo maior agilidade no tratamento de eventuais ou potenciais

[2] ORDEM DOS ADVOGADOS DO BRASIL – MINAS GERAIS – OAB/MG. **OAB Minas lança Cartilha sobre Comitê de Resolução de Disputas.** 11 nov. 2019. Disponível em: https://www.oabmg.org.br/Noticias/Index/9819/OAB_Minas_lanca_cartilha_sobre_Comite_de_Resolucao_de_Disputas. Acesso em: 21 jan. 2022.

conflitos e também para a mitigação das decorrências dos eventuais problemas que surjam no transcorrer do contrato.

Conforme nos ensina Aragão,[3] haverá à concretização da parceria entre a Administração Pública e a iniciativa privada por meio de contratos, cujo intuito é orientar a relação entre ambas as partes na construção do projeto elencado. Além disso, os contratos são, por natureza, incompletos devido à complexidade do pactuado, pois suas cláusulas não abarcarão todas as situações possíveis.

De acordo com o estudo feito por Lima,[4] essa concretização dos contratos garante para a população os direitos básicos, tais como energia elétrica, saneamento básico e mobilidade urbana, dentre outros serviços essenciais. No entanto, como exposto anteriormente, os contratos são naturalmente incompletos, o que pode fazer a obra ou a prestação do serviço terminar antes do prazo determinado ou prolongar-se por tempo demasiado.

A princípio, observa Dantas (2020),[5] o Comitê de Resolução de Disputas é um meio que oferece uma alternativa na resolução de controvérsias, pois atuará antes do litígio.

---

3 ARAGÃO, Joaquim José Guilherme de *et al.* **Parceria público-privada**: procedimento de avaliação qualitativa de riscos como ferramenta para desenho de contratos. 2004.

4 LIMA, Isabela Ramagem. **Paralisação de grandes obras de infraestrutura, incompletude contratual, e desequilíbrio econômico-financeiro**: *dispute board* como método eficaz para prevenção e resolução de conflitos. 2020. Monografia (Conclusão de Curso) – Centro Universitário de Brasília – UniCEUB, Brasília, 2020.

5 BRASIL. Tribunal de Contas da União – TCU. **Obras paralisadas no país** – causas e soluções. 23 maio 2019. Disponível em: https://portal.tcu.gov.br/imprensa/noticias/obras-paralisadas-no-pais-causas-e-solucoes.htm. Acesso em: 15 abr. 2022.

Logo, quando nomeados, os técnicos "acompanharão a execução do contrato e emitirão, conforme a opção dos envolvidos, opiniões e pareceres, sendo que estes poderão ser vinculativos ou não vinculativos".[6] A partir da constituição do comitê de resoluções, conclui o autor, poder-se-á evitar litígios.

Não obstante, em relação à complexidade dos contratos, Carmo[7] aponta que um programa contratual de construção de obras ou de prestação continuada de serviços tem consequências jurídicas, econômicas, sociais e que por isso podem aumentar o valor das obras. Continua a autora:

> O programa contratual usualmente contém dispositivos que correlacionam a estrutura de financiamento com o andamento e a execução da obra, além de prever a constituição de garantias diversas em benefício dos financiadores, como alienação ou cessão fiduciária dos direitos sobre a obra, dos recebíveis, do imóvel sobre o qual a obra está sendo construída, etc.

Para ilustrar melhor as vantagens de utilizar os Comitês de Resolução de Disputas, podemos analisar uma diligência do Tribunal de Contas da União (TCU)[8], no ano de 2019, quan-

6 BRASIL. Tribunal de Contas da União – TCU. **Obras paralisadas no país** – causas e soluções. 23 maio 2019. Disponível em: https://portal.tcu.gov.br/imprensa/noticias/obras-paralisadas-no-pais-causas-e-solucoes.htm. Acesso em: 15 abr. 2022.

7 CARMO, Lie Uema do. **Contratos de construção de grandes obras**. 2012. Tese (Doutorado) – Faculdade de Direito, Universidade de São Paulo, São Paulo, 2012. p. 13.

8 MEDEIROS, Taísa. Com 24 mil obras paradas no país, CMO aprova propostas do Comitê que avalia irregularidades. **Correio Braziliense,** 14 dez. 2021. Disponível em: https://www.correiobraziliense.com.br/politica/2021/12/

do essa Corte fiscalizadora realizou uma vistoria em mais de 30 mil obras financiadas por recursos federais. As estatísticas mostraram que cerca de 30% das obras foram dadas como inacabadas. As principais causas para a paralisação foram: "contratação com base em projeto básico deficiente; insuficiência de recursos financeiros de contrapartida; e dificuldade de gestão dos recursos recebidos". Além dessa fiscalização do TCU, o comitê de Avaliação das Informações sobre Obras e Serviços com Indícios de Irregularidade (COI), em dezembro de 2021, levantou um dado referente às obras paralisadas no Brasil, chegando-se ao número de 24 mil obras paralisadas em todo o território brasileiro. Ainda que se tenham entregado 108 obras terminadas pelo Governo Federal em 2019, tal número demonstra a irregularidade das obras em todo o país.

A experiência dos países desenvolvidos que já utilizam o CRD nos mostra que o número de obras paradas seria muito diferente caso já estivéssemos utilizando o *Dispute Resolution Boards* no Brasil.

1.1 HISTÓRIA DO *DISPUTE RESOLUTION BOARDS*

O *Dispute Boards* surgiu nos Estados Unidos no final da década de 1960, na construção da barragem de uma das principais usinas geradoras de energia convencional, a Boundary Dam, localizada no estado de Washington e finalizada no ano de 1967. Em razão do surgimento de problemas relacionados com a execução do projeto, gerando conflitos, foi criado o *Joint Consulting Board* (Conselho Consultivo Conjunto) para que, juntos – Estado de Washington e licitantes – chegassem a soluções dos problemas encontrados naquela obra.

4970845-com-24-mil-obras-paradas-no-pais-cmo-aprova-propostas-do--comite-que-avalia-irregularidades.html. Acesso em: 18 jan. 2021.

No ano de 1972 o Comitê Nacional de Tecnologia de Túneis dos Estados Unidos conduziu um estudo e fez recomendações para melhorar os métodos contratuais utilizados pelo país mediante o uso do *Dispute Boards.* Logo após a publicação dos estudos, a primeira vez que o instituto foi utilizado oficialmente com esse nome foi pelo Departamento de Estradas do Colorado, em 1975, na construção de um Túnel nesse Estado. Assim, percebendo que poderia ser utilizado para evitar litígios, muitas empresas começaram a empregar o *Dispute Boards* para prevenir novos problemas após a assinatura dos contratos.

Desde então, o *Dispute Boards* vem sendo utilizado nos Estados Unidos e Europa, geralmente na construção de grandes obras de infraestrutura. Cabe citar algumas obras nas quais foram empregados os Comitês de Resolução de Disputas: o Canal da Mancha, no Reino Unido; o Túnel Chambers Creek, no estado de Washington, nos EUA, e o aeroporto de Hong Kong, na China.

2

A EVOLUÇÃO DOS MÉTODOS ADEQUADOS DE SOLUÇÃO DE CONFLITOS NA LEGISLAÇÃO BRASILEIRA

Como já demonstrado em linhas anteriores, uma das formas de alcançar o princípio da eficiência é por meio da utilização dos métodos adequados de solução de conflitos e de sua implantação na cultura de nosso povo, principalmente os métodos consensuais, pelos quais as partes constroem juntas uma melhor solução para o conflito que se apresenta. Na Administração Pública isso não é diferente. Faz-se necessário buscar a cultura da pacificação social para que tanto a União, Estados e Municípios quanto seus fornecedores consigam, com a intervenção de técnicos no assunto, resolver suas controvérsias sem que a discussão destas bata nas portas do Judiciário, que, segundo dados do CNJ, administra mais de 100 milhões de processos.

Desde a edição da Lei de Arbitragem (Lei n° 9.307, de 23 de setembro de 1996) e suas recentes modificações, até a Lei da Mediação (Lei n° 13.140, de 26 de junho de 2015), percebeu-se uma grande evolução no cenário legislativo brasileiro para receber os mecanismos adequados de solução de controvérsias, o que trouxe a possibilidade de composição consensual ou heterocomposição na arbitragem. No âmbito federal, tanto a Lei de Parcerias Público-Privadas (Lei nº 11.079, de 30 de dezembro de 2004, artigo 11, III) quanto a Lei de Concessões (Lei nº 8.987, de 13 de fevereiro de 1995, artigo 23-A) autorizam expressamente o emprego de mecanismos privados de resolução de disputas para dirimir conflitos decorrentes dos contratos administrativos regidos pelas referidas leis.

A Comissão de Arbitragem da OAB/MG manifestou-se junto ao Senado Federal no Projeto de Lei nº 559/2013 (posteriormente Projeto de Lei nº 6.814/2017), que se tornou a Lei nº 14.133, de 1º de abril de 2021, denominada Lei de Licitações e Contratos Administrativos. Na época a Comissão, sob a presidência do Dr. Francisco Maia Neto, justificou sua manifestação com os seguintes argumentos:

> A possibilidade de utilização dos MESCs – Meios Alternativos de Solução de Conflitos – a arbitragem, a mediação, a conciliação e o comitê de resolução de disputas, pela Administração Pública, já é uma realidade que permeia os contratos firmados pelo ente público com a iniciativa privada, sobretudo naqueles contratos que contam com financiamentos externos, e têm esses meios alternativos incorporados em suas cláusulas por força de exigência dos *guidelines* das instituições financiadoras e do art. 42, parag. 5º da Lei 8.666/93.
>
> Fato é que o próprio legislador brasileiro passou a prestigiar os meios alternativos para solução de conflitos em diversos dispositivos legais que regulam as variadas

modalidades de contratos firmados entre particulares e a Administração Pública. A título de exemplo, podem ser citadas a Lei de Concessões e Permissões,[1] a Lei do Petróleo,[2] Lei de Parceria Público-Privada,[3] Lei do Regime Diferenciado de Contratações Públicas – RDC,[4] a Lei 10.233/01 e a recente Lei das Estatais, todas estas prevendo em sua redação a arbitragem e ou a mediação/conciliação como alternativa para solução dos eventuais conflitos oriundos dos respectivos contratos. Inclusive, não bastasse tais dispositivos, a própria Lei Brasileira de Arbitragem, em seu art. 1º, § 1º, prevê que a Administração Pública direta e indireta pode figurar como parte em um procedimento arbitral. Lembramos que o NCPC também passou a prever a mediação e conciliação obrigatórias para se tentar a autocomposição das controvérsias no início do processo judicial, naquelas questões que a admitam.

Em meio ao tema, merece destaque a atuação dos comitês de resolução de disputas, conhecidos pela sigla CRD, utilizados em grande escala nos contratos de engenharia em âmbito internacional. Assim, muito embora tal instrumento ainda não tenha sido positivado no ordenamento jurídico brasileiro, entidades brasileiras especializadas na resolução extrajudicial de conflitos já possuem regulamentos específicos para os comitês de resolução de disputas, a saber: CBMA, CAM-CCBC e, em breve, CAMARB.

---

1 Lei nº 8.987, de 3 de fevereiro de 1995.

2 Lei nº 9.478, de 6 de agosto de 1997.

3 Lei nº 11.079, de 30 de dezembro de 2004.

4 Lei nº 12.462, de 4 de agosto de 2011.

> Os referidos comitês são compostos por uma junta de profissionais especialistas e imparciais, sendo formados no início do projeto para acompanhar o progresso das obras, encorajar a prevenção de disputas e auxiliar na resolução de eventuais litígios durante a sua execução. Os comitês ainda podem ser firmados caso a caso, quando surge a controvérsia, caracterizando os comitês "ad hoc".
>
> Os comitês podem emitir decisões de cumprimento imediato ou recomendações. Tais decisões, ao entrarem em vigor, devem ser cumpridas pelas partes, que podem questioná-las através de processo arbitral (ou judicial) em prazo determinado, a depender da clausula contratual.

Após essas manifestações e sob a precisa relatoria do então Senador Anastasia, a Nova Lei de Licitações foi sancionada no dia 1º de abril de 2021. A Lei nº 14.133/2021 (Lei de Licitações e Contratos Públicos), mais precisamente no artigo 151, no capítulo XII, reconheceu a relevância dos meios alternativos de resolução de conflitos para os contratos administrativos, dentre eles os *Comitês de Resolução de Disputas*, ao lado da mediação, da conciliação e da arbitragem. O legislador incorporou experiências consideradas exitosas ao novo marco legal, ciente do papel das leis nacionais como instrumento indutor de comportamentos.[5]

[5] FORTINI, Cristiana; AMORIM, Rafael Amorim de. **Um novo olhar para a futura lei de licitações e contratos administrativos:** a floresta além das árvores. 2021. Disponível em: http://www.licitacaoecontrato.com.br/artigo_detalhe.html. Acesso em: 12 jan. 2022.

3

A LEGALIZAÇÃO DO *DISPUTE RESOLUTION BOARDS* NO BRASIL E SEU AVANÇO NA LEGISLAÇÃO BRASILEIRA

Como já demonstrado, toda essa evolução legislativa que introduziu o *Dispute Boards* no Brasil foi acompanhada e incentivada pela Comissão de Arbitragem da OAB/MG, formada por advogados que atuam com métodos adequados de solução de conflitos, da qual tive a honra de ser Vice-Presidente (triênio 2016/2019) e Presidente (triênio 2019/2021), por ser um assunto de grande relevância para toda a nação brasileira. Daí, posso dizer que participei do nascimento do *Dispute Boards* no Brasil e constatei sua evolução em razão da relevância do tema.

Essa relevância é comprovada pelo Tribunal de Contas da União, que divulgou o resultado de uma auditoria operacional, prestada em 2021, em que se demonstra a existência de 14 mil obras públicas paralisadas em todo Brasil. No que tange à paralisação das obras, obteve-se um total de 47% ou 6.580 paralisadas por razões de ordem técnica. "Em 2018, este Tribunal concluiu que das 38 mil obras levantadas, mais de 14 mil delas estavam paralisadas. Em termos de recursos, eram 10 bilhões de reais já aplicados sem a geração de benefícios à população", acrescentou o Ministro Vital do Rêgo, relator do processo.[1]

3.1 A PRIMEIRA LEI MUNICIPAL A REGULAMENTAR O *DISPUTE RESOLUTION BOARDS* NO BRASIL – CIDADE DE SÃO PAULO

Nessa linha evolutiva, pode-se dizer que a legislação pátria tem ampliado as possibilidades de autocomposição, e, no ano de 2018, o Município de São Paulo editou a Lei n° 16.873, de 22 de fevereiro de 2018, cujo relator foi o ilustre Vereador da Capital Paulista Caio Miranda Carneiro, lei esta que se tornou a primeira sancionada, promulgada e publicada no Brasil para recepcionar os Comitês de Resolução de Disputas. Vale destacar que, logo após sua promulgação, a referida legislação foi provada durante a construção da Linha Amarela do Metrô na cidade de São Paulo. A Companhia do Metropolitano de São Paulo – Metrô, controlada pelo Governo de São Paulo, fora condenada pelo Tribunal de Justiça de São Paulo – TJSP a pagar quantia extra, equivalente a 10 milhões de reais, ao consórcio formado pelas construtoras Tiisa e Comsa, que foram responsáveis pelas obras da Linha Amarela. A dívida contraída teve como pano de fundo uma divergência entre as partes acerca dos custos de retirada de material contaminado da construção. Na ocasião, um Comitê de Resolução de Disputas, previsto no contrato de construção e formado por três técnicos – dois engenheiros e um advogado –, foi acionado. Quando acionada, essa equipe, contratada pelas

1 BRASIL. Tribunal de Contas da União – TCU. **Informações sobre obras paralisadas estão incompletas, alerta TCU.** 2 jun. 2021. Disponível em: https://portal.tcu.gov.br/imprensa/noticias/informacoes-sobre-obras-paralisadas-estao-incompletas-alerta-tcu.htm. Acesso em: 15 abr. 2022.

partes para solucionar os conflitos surgidos durante a execução do contrato, havia decidido pelo pagamento do valor acima mencionado. O TJSP foi provocado e julgou por sentença que a decisão do Comitê de Resolução de Disputas já exarada deveria ser mantida. Dessa forma, o TJSP reforçou a autonomia e o poder decisório desse método extrajudicial, contribuindo para sua eficácia. "O entendimento do Tribunal revela uma tendência nacional de valorização dos métodos alternativos ou, como também chamados, adequados de solução de conflitos, deixando a resolução judicial como a última alternativa."[2]

3.2 A CAPITAL DE MINAS GERAIS TAMBÉM POSSUI LEI MUNICIPAL QUE REGULAMENTA O USO DO *DISPUTE BOARDS*

No Município de Belo Horizonte, no ano de 2017, foi encaminhado para a Câmara Municipal o Projeto de Lei nº 388, que visava à utilização de comitês para dirimir conflitos em contratos da Administração Pública de forma direta e indireta. Assim sendo, em julho de 2020 ocorreu a promulgação da Lei nº 11.241,[3] que regulamentou e disciplinou o uso do *Dispute Boards* nessa importante cidade brasileira.

---

2 CÂMARA, Flávia; LEAL, Ronan. *Dispute board:* o método de solução de conflitos que vem ganhando espaço no Brasil. **Migalhas**. 24 ago. 2018. Disponível em: https://www.migalhas.com.br/depeso/286212/dispute-board--o-metodo-de-solucao-de-conflitos-que-vem-ganhando-espaco-no--brasil. Acesso em: 15 abr. 2022.

3 BELO HORIZONTE-MG. Câmara Municipal. **Lei 11.241/2020**. Regulamenta a utilização de Comitê de Prevenção e Solução de Disputas para prevenir e para solucionar conflito relativo a direito patrimonial presente em contrato administrativo de execução continuada. Disponível em: https://www.cmbh.mg.gov.br/atividade-legislativa/pesquisar-legislacao/lei/11241/2020. Acesso em: 15 abr. 2022.

3.3 A LEGISLAÇÃO FEDERAL TAMBÉM CONTEMPLA E INCENTIVA O USO DO *DISPUTE BOARDS*

Como já mencionado, o *Dispute Resolution Boards* se enquadrou perfeitamente na nova Lei de Licitações, que teve como relator o então Senador Antonio Anastasia, ex-Governador de Minas Gerais e atualmente Ministro do Tribunal de Contas da União. Digo que o incentivo ao uso dos Comitês de Resolução de Disputas se enquadrou na Lei de Licitações, entre outros dispositivos, porque nos contratos de prestação continuada de serviços a característica principal está destacada na centralidade do trabalho humano, e nesse trabalho podem ocorrer conflitos de toda ordem, sejam referentes ao tempo, sejam referentes à qualidade do serviço contratado. Contrata-se determinada empresa, que alocará mão de obra para a satisfação de demanda da entidade contratante e que deverá zelar para que o serviço seja prestado em consonância com o disposto no contrato e seus anexos, em especial se existir acordo de níveis de serviços. Cumpre ao contratante fiscalizar a atuação da empresa contratada não apenas com vistas a checar se a métrica contratual está observada quanto à qualidade da execução, mas também quanto ao efetivo respeito à legislação no que toca ao pagamento de verbas trabalhistas e rescisórias.

A aparente singeleza do objeto dos referidos contratos esconde uma série de questões relativas ao peculiar mecanismo de reajuste e à peculiar necessidade de fiscalização eficiente, inclusive com vistas a minimizar os riscos de responsabilidade subsidiária.

A efervescência de contratos desse porte remonta à década de 1990, quando a lógica de transferir atividades à iniciativa privada levou ao Decreto Federal nº 2.271, de 7 de julho de 1997, cujo § 1º do artigo 1º previa um rol de atividades que deveriam ser, de preferência, objeto de execução indireta. O decreto citado foi uma das inúmeras consequências do Plano Diretor da Reforma do Aparelho do Estado. Nesse ínterim, o número de normas federais sobre o tema cresceu de forma exponencial, impulsionado pela tentativa de salvaguardar os cofres públicos afetados pelas inúmeras condenações provenientes da Justiça do Trabalho, que ignoravam o teor do que preconizam o *caput* e o § 1º do artigo 71 da Lei nº 8.666, de 21 de junho de 1993. A despeito de a lei estabelecer que a inadimplência do contratado, com referência aos encargos trabalhistas, fiscais e comerciais, não transfere à Administração Pública a responsabilidade por seu pagamento, a Súmula 331 do Tribunal Superior do Trabalho – TST pronunciava o entendimento oposto.

O reconhecimento da constitucionalidade do *caput* e do § 1º do artigo 71 da Lei nº 8.666/93 pelo STF levou à alteração da Súmula 331. Nova redação foi conferida ao seu inciso IV, e foram inseridos os incisos V e VI, assim redigidos:

> V – Os entes integrantes da Administração Pública direta e indireta respondem subsidiariamente, nas mesmas condições do item IV, caso evidenciada a sua conduta culposa no cumprimento das obrigações da Lei nº 8.666, de 21/6/1993, especialmente na fiscalização do cumprimento das obrigações contratuais e legais da prestadora de serviço como empregadora. A aludida responsabilidade não decorre de mero inadimplemento das obrigações trabalhistas assumidas pela empresa regularmente contratada.
>
> VI – A responsabilidade subsidiária do tomador de serviços abrange todas as verbas decorrentes da condenação referentes ao período da prestação laboral.

Entre as normas federais editadas ao longo dos anos para melhor planejamento, gestão e fiscalização dos contratos, merecem realce o Decreto n º 9.507/2018 e a Instrução Normativa nº 5, de 26 de maio de 2017, do Ministério do Planejamento, Desenvolvimento e Gestão.

O Decreto nº 9.507, de 21 de setembro de 2018, estabelece que as contratações deverão ser precedidas de planejamento, bem como que o objeto da contratação será definido de forma precisa no edital, projeto básico ou termo de referência e no contrato como exclusivamente de prestação de serviços. Tais contratos possuem cláusulas obrigatórias, previstas no artigo 8°, assim como exigências mínimas para os contratos de prestação de serviços continuados que envolvam disponibilização de pessoal da contratada de forma prolongada ou contínua (artigo 9°). Dispõe ainda o decreto sobre critérios para repactuação e reajuste (artigos 12 e 13).

No mesmo sentido, a Instrução Normativa nº 5/2017 regula as contratações de serviços para a realização de tarefas executivas sob o regime de execução indireta pela Administração Pública federal, com o mesmo viés do decreto supracitado de demandar critérios objetivos de planejamento da contratação, seleção do fornecedor e gestão do contrato.

Dentro desse grande tema, dois pontos centrais merecem destaque para comparação com as regras trazidas pela Lei nº 14.133/2021: 1) os critérios para reajuste e repactuação dos valores dos contratos; e 2) as cautelas em sua gestão, mormente para evitar a responsabilidade subsidiária de seus gestores. Afinal, a lei se inspira nas normas federais, como já salientado.

Desse modo, a Lei nº 14.133/2021 faz expressa menção à repactuação, o que não ocorria na Lei nº 8.666/93, que aludia ao gênero reajuste. A repactuação é uma espécie de reajuste que visa à atualização monetária do contrato, considerando, todavia, não índices de mensuração da inflação, mas o processo de negociação entre trabalhadores e empresas. Tais processos alteram as condições de trabalho e são a verdadeira baliza para fins de identificar o impacto do tempo. A razão para uma forma de reajuste distinta para contratos que envolvam dedicação exclusiva ou predominante de mão de obra resulta da importância assegurada pela Constituição da República aos acordos e convenções coletivas. Assim, se de um lado há o reajuste calibrado pelo índice inflacionário aplicável, no que toca aos insumos, quando o contrato também envolve eu fornecimento, haverá a repactuação focada apenas nos custos decorrentes de mão de obra.

O *caput* do artigo 135 da nova lei menciona a repactuação não só para "serviços com regime de dedicação exclusiva de mão de obra" como também para serviços em que o uso da mão de obra seja preponderante ("predominância de mão de obra"), o que, curiosamente, não está definido no artigo 6°. O inciso XVI do artigo 6º fornece o conceito de "serviços contínuos com regime de dedicação exclusiva de mão de obra", mas compreende-se que a distinção entre eles está exatamente na inexistência do dever de fornecimento de insumos e materiais quando se fala em dedicação exclusiva.

Do conceito de repactuação constante do inciso LIX do artigo 6° da nova lei, chama a atenção a obrigatoriedade de previsão no edital de licitação, de certa forma replicada também no § 7° do artigo 25. O artigo 40 da Lei nº 8.666/93 também estabelecia a obrigatoriedade de previsão no edital dos critérios de reajuste do valor do contrato.[4]

[4] O Decreto Federal nº 9.507/2013, cujo § 1° do artigo 13 diz ser "admitida a estipulação de reajuste".

O § 4° do artigo 135 da nova lei repete o que diz o § 2° do artigo 54 da instrução normativa, admitindo repactuações em momentos distintos, para variação de custos que tenham sua anualidade resultante em datas diferenciadas, como os decorrentes de mão de obra e os decorrentes dos insumos necessários à execução dos serviços.

Importante ressaltar que há entendimento do Tribunal de Contas da União de que o reajuste é devido mesmo sem previsão editalícia, sob pena de enriquecimento ilícito da Administração Pública e de violação ao princípio da boa-fé objetiva. De fato o artigo 37, inciso XXI, da Constituição da República determina a manutenção do equilíbrio econômico-financeiro dos contratos públicos ao prever a obrigatoriedade de se manter "as condições efetivas da proposta".

Entre os importantes precedentes do TCU nesse sentido, cita-se o Acórdão nº 7.184/2018, da 2ª Câmara, a despeito de ali tratar-se de outro objeto contratual:

> 12) Por certo, não seria a ausência de previsão de reajuste de preços, no edital e no contrato, impedimento à manutenção do equilíbrio econômico-financeiro dos contratos (artigo 37, inciso XXI), sob pena de ofensa à garantia constitucional inserta no artigo 37, inciso XXI da Carta Maior. Ademais, a execução do contrato, com a recusa no reajustamento dos preços oferecidos à época da proposta, configuraria enriquecimento ilícito do erário e violaria o princípio da boa-fé objetiva, cuja presença no âmbito do direito público é também primordial. [...]

> Entretanto, o estabelecimento dos critérios de reajuste dos preços, tanto no edital quanto no instrumento contratual, não constitui discricionariedade conferida ao gestor, mas sim verdadeira imposição, ante o disposto nos artigos 40, inciso XI, e 55, inciso III, da Lei 8.666/93. Assim, a sua ausência constitui irregularidade, tendo, inclusive, este Tribunal se manifestado acerca da matéria, por meio do Acórdão 2804/2010-Plenário, no qual julgou ilegal a ausência de cláusula neste sentido, por violar os dispositivos legais acima reproduzidos. Até em contratos com prazo de duração inferior a doze meses, o TCU determina que conste no edital cláusula que estabeleça o critério de reajustamento de preço (Acórdão 73/2010-Plenário, Acórdão 597/2008-Plenário *e Acórdão 2.715/*2008-Plenário, entre outros). Trecho extraído do relatório precedente ao Acórdão 2.205/2016-TCU-Plenário, cuja fundamentação foi acompanhada pela relatora, ministra Ana Arraes, em seu voto.

O segundo ponto de análise nos contratos de prestação continuada diz respeito às cláusulas obrigatórias. O Decreto nº 9.507/2013 e a Instrução Normativa nº 5/2017 revelam a preocupação com o planejamento e a gestão de riscos dos contratos de prestação continuada. Como exemplo, o artigo 18 da instrução normativa traça, como um dos procedimentos de gestão de riscos obrigatórios para os contratos em que há serviços realizados em regime de dedicação exclusiva de mão de obra, procedimentos para o risco de descumprimento das obrigações trabalhistas, previdenciárias e com Fundo de Garantia do Tempo de Serviço – FGTS da contratada. No mesmo sentido, o

Decreto nº 9.507/2018 exige uma série de medidas de prevenção de riscos a partir da inserção de cláusulas obrigatórias nas avenças contratuais.

A exigência de prestação de garantia da contratada, inclusive em relação ao pagamento de suas obrigações trabalhistas, previdenciárias e com o FGTS, regulada no inciso VI do artigo 8° do decreto, também é replicada na nova lei. O artigo 50 da nova lei também determina que o contratado apresente a comprovação do cumprimento de suas obrigações sempre que solicitado pela Administração Pública, sob pena de multa. No mesmo sentido, a minuta de contrato constante de anexo da Instrução Normativa nº 5/2017 já menciona garantia, cabendo recordar o caráter impositivo da minuta, conforme prevê o artigo 35.

O artigo 121 da nova lei dispõe que somente o contratado será responsável pelos encargos trabalhistas, fiscais, previdenciários e comerciais resultantes da execução do contrato, sendo a Administração Pública responsável solidária pelos encargos previdenciários e responsável subsidiária pelos encargos trabalhistas tão somente nas contratações de serviços contínuos com regime de dedicação exclusiva de mão de obra. Neste ponto, cabe novamente destacar a Súmula 331 do TST, que prevê a responsabilidade subsidiária da Administração Pública direta e indireta por encargos trabalhistas quando evidenciada sua conduta culposa na fiscalização do cumprimento das obrigações contratuais e legais da prestadora de serviço. Também cabe o destaque para a fixação da tese de repercussão geral nº 246 pelo Supremo Tribunal Federal com o julgamento do RE 760.931:

> Tema 246, 30/3/2017 – o inadimplemento dos encargos trabalhistas dos empregados do contratado não transfere automaticamente ao Poder Público contratante a responsabilidade pelo seu pagamento, seja em caráter solidário ou subsidiário, nos termos do artigo 71, § 1º, da Lei nº 8.666/93.

Ainda quanto às garantias, o artigo 142 da nova lei diz ser possível que o edital ou contrato preveja pagamento em conta vinculada ou pela efetiva comprovação do fato gerador, à semelhança das normas federais. Aqui há claro espaço para entes subnacionais decidirem pela adoção ou não da medida.

Para solucionar esses possíveis conflitos, os Comitês de Resolução de Disputas se mostram como ferramenta adequada.

Assim, podemos concluir que a Nova Lei de Licitações abriu caminho para a utilização dos Comitês de Resolução de Disputas ao reconhecer que os contratos de prestação continuada da Administração Pública escondem uma série de questões relativas ao peculiar mecanismo de reajuste e à peculiar necessidade de fiscalização eficiente, inclusive com vistas a minimizar os riscos de responsabilidade subsidiária, questões que podem perfeitamente ser previamente discutidas e resolvidas por meio do *Dispute Boards.*

Além dessa importante contribuição para o incentivo ao uso dos métodos adequados de solução de conflitos na Lei de Licitações, o então Senador Anastasia apresentou no Senado Federal o Projeto de Lei do Senado nº 206/2018, visando regulamentar a instalação de Comitês de Prevenção e Solução de

Disputas em contratos administrativos continuados celebrados pela União. O Projeto de Lei do Senado nº 206/2018, no dia 29 de junho de 2021, foi aprovado pela grande maioria dos Senadores, e poucos dias depois, já no dia 2 de julho, seguiu para tramitação na Câmara dos Deputados, para dar sequência ao procedimento legislativo, conforme determina a Constituição Federal Brasileira.

Como se pode concluir, o DRB já tem forte presença na legislação federal brasileira. Continuemos então, de forma cronológica, a analisar a regulamentação desse instituto nas legislações municipais.

3.4 A CAPITAL DO RIO GRANDE DO SUL TAMBÉM REGULAMENTA O USO DO *DISPUTE BOARDS*

Na sequência, sob minha presidência, a Comissão de Arbitragem da OAB/MG enviou ofício ao Vereador Felipe Zortea Camozzato e ao Presidente da Câmara Municipal de Porto Alegre, Vereador Reginaldo Pujol, para apoiar a criação de lei municipal com o objetivo de regulamentar o uso do *Dispute Board* naquela importante capital. Após esse apoio da Comissão de Arbitragem da OAB/MG e o profícuo trabalho do Vereador Felipe Zortea, a Câmara Municipal de Porto Alegre aprovou o Projeto de Lei nº 98/2018. Desse modo, o projeto de lei foi aprovado pela Câmara Municipal de Porto Alegre por meio da Lei nº 12.810, de 3 de março de 2021, para prever a instituição de Comitês de Prevenção e Solução de Disputas (*Dispute Boards*) nos contratos administrativos celebrados pelo Município de Porto Alegre.

MINAS GERAIS

OFÍCIO Nº 01/2020

Ao Presidente da Câmara Municipal de Porto Alegre

Sr. Reginaldo Pujól

A/C do Relator do Projeto de Lei nº 098/18

Sr. Felipe Zortea Camozzato

Assunto: apoio da Comissão de Arbitragem da Ordem dos Advogados do Brasil Seção Minas Gerais ao Projeto de Lei nº 098/18 de Porto Alegre.

Excelentíssimo Sr. Relator do Projeto de Lei nº 098/18,

A Comissão de Arbitragem da Ordem dos Advogados do Brasil Seção Minas Gerais vem por meio do presente Ofício manifestar o seu apoio ao Projeto de Lei nº 098/18, que prevê a instituição de Comitês de Prevenção e Solução de Disputas *(Dispute Boards)* em contratos administrativos celebrados pela Prefeitura de Porto Alegre.

Como é de conhecimento de V. Exª, tratando-se de método arrojado de prevenção e solução de disputas, o Dispute Board tem ganhado projeção e força no âmbito nacional pelos resultados positivos que proporciona. O cumprimento de prazos em obras de engenharia, a adequação no decorrer da operação de concessões, a maior segurança jurídica, a resolução de contratempos com amparo de profissionais especializados e a ausência de judicialização dos conflitos são exemplos dos ganhos oportunizados pelos DRB.

A intenção inicial das partes contratantes em estabelecerem este caminho para a prevenção e solução das controvérsias que porventura venham a existir já evidencia o perfil prático e profissionalizado, próspero ao alcance dos seus objetivos e, por certo, favorável à pacificação social.

MINAS GERAIS

Pequenas citações dos benefícios da adoção do *Dispute Board*, grandes transformações para toda a sociedade de Porto Alegre.

A Comissão de Arbitragem da OAB Minas Gerais registra seus préstimos e incentivo quanto à adoção, pelo município de Porto Alegre, dos Comitês de Prevenção e Solução de Disputas nos contratos realizados com a Administração Pública.

Atenciosamente,

Daniel Freitas Resende
Presidente da Comissão de Arbitragem

Lara Piau Vieira
Secretária-geral da Comissão de Arbitragem

Francisco Maia
Coordenador do Núcleo de Trabalho Dispute Resolution Board da Comissão de Arbitragem

---

3.5 A CAPITAL DE PERNAMBUCO TAMBÉM EDITOU LEI AUTORIZANDO O USO DO *DISPUTE BOARDS*

Recife, que já possuía legislação municipal visando à regulamentação das contratações públicas por meio da Lei nº 17.856/2013, no ano de 2021 editou lei municipal para alterar o artigo 17 de sua Lei de Licitações a fim de acrescentar o § 5º, com a seguinte redação:

> *§ 5º Dentre outros mecanismos alternativos de resolução de controvérsias, os contratos poderão prever a instituição de Comitê de Prevenção e* Solução de Disputas, a ser objeto de regulamentação específica do poder executivo.[5]

Dessa forma, Recife se tornou a primeira capital do Nordeste brasileiro a incentivar o uso do *Dispute Resolution Boards*.

3.6 EM PATOS DE MINAS, A CÂMARA MUNICIPAL APROVOU LEI QUE IRÁ REGULAMENTAR O USO DO *DISPUTE BOARDS*

Além das capitais citadas, outra cidade, apelidada carinhosamente como capital do milho6 – Patos de Minas,[7] minha cidade natal e importante município do interior de Minas Gerais em razão de ser referência do agronegócio no Brasil –, recebeu apoio da Comissão de Arbitragem da OAB/MG para regulamentação do uso dos Comitês de Resolução de Disputas nos contratos celebrados pela Administração Pública. Por meio do Vereador Wanderley Rodrigues Resende, a Câmara Municipal de Patos de Minas discute a regulamentação do *Dispute Boards* nos contratos administrativos de prestação continuada, conforme ofício:

---

5 LEGISWEB. **Lei nº 18.824, de 30/08/2021 (Recife-PE)**. Dispõe sobre o regime das concessões e permissões de serviços públicos municipais e altera dispositivos da Lei nº 17.856, de 01 de janeiro de 2013. Disponível em: https://www.legisweb.com.br/legislacao/?id=419556. Acesso em: 15 abr. 2022.

6 Lei nº 13.101, de 2015.

7 ROCHA, Farley. Dilma sanciona lei e oficializa Dia Nacional do Milho no aniversário de Patos de Minas. **Patos Hoje,** 29 jan. 2015. Disponível em: https://www.patoshoje.com.br/noticias/dilma-sanciona-lei-e-oficializa-dia-nacional-do-milho-no-aniversario-de-patos-de-minas-42001.html. Acesso em: 15 abr. 2022.

MINAS GERAIS

OFÍCIO Nº 07/2021

Ao

Presidente da Câmara Municipal de Patos de Minas

Vereador Ezequiel Macedo

A/C: Sr. Vereador Wanderlei Rodrigues Resende

Assunto: apoio da Comissão de Arbitragem da Ordem dos Advogados do Brasil Seção Minas Gerais a Projeto de Lei que prevê a instituição de Comitês de Prevenção e Solução de Disputas (Dispute Boards) em contratos administrativos celebrados pela Prefeitura de Patos de Minas/MG.

Excelentíssimo Sr. Vereador;

A Comissão de Arbitragem da Ordem dos Advogados do Brasil Seção Minas Gerais vem por meio do presente Ofício apoiar a criação de Projeto de Lei, que prevê a instituição de Comitês de Prevenção e Solução de Disputas (Dispute Boards) em contratos administrativos celebrados pela Prefeitura de Patos de Minas/MG, a exemplo do que fora aprovado pela LEI Nº 12.810 de março de 2021 na cidade de Porto Alegre/RS.

Como é de conhecimento de V. Exª, tratando-se de método arrojado de prevenção e solução de disputas, o Dispute Board tem ganhado projeção e força no âmbito nacional pelos resultados positivos que proporciona. O cumprimento de prazos em obras de engenharia, a adequação no decorrer da operação de concessões, a maior segurança jurídica, a resolução de contratempos com amparo de profissionais especializados e a ausência de judicialização dos conflitos são exemplos dos ganhos oportunizados pelos DRB.

MINAS GERAIS

A intenção inicial das partes contratantes em estabelecerem este caminho para a prevenção e solução das controvérsias que porventura venham a existir já evidencia o perfil prático e profissionalizado, próspero ao alcance dos seus objetivos e, por certo, favorável à pacificação social.

Pequenas citações dos benefícios da adoção do Dispute Board, grandes transformações para toda a sociedade de Patos de Minas.

A Comissão de Arbitragem da OAB Minas Gerais registra seus préstimos e incentivo quanto à adoção, pelo município de Patos de Minas, dos Comitês de Prevenção e Solução de Disputas nos contratos realizados com a Administração Pública.

Atenciosamente;

Daniel Freitas Resende
Presidente da Comissão de Arbitragem da OAB/MG

Lara Piau Vieira
Secretária-geral da Comissão de Arbitragem da OAB/MG

Francisco Maia Neto
Coordenador do Núcleo de Trabalho *Dispute Resolution Board* da Comissão de Arbitragem da OAB/MG

Após receber esse ofício, o Vereador Wanderley Rodrigues Resende – Prof. Delei – se tornou relator do Projeto de Lei nº 5.455/2022, *in verbis*:

> *PROJETO DE LEI Nº 5.455/2022*
>
> Prevê a instituição de Comitês de Prevenção e Solução de Disputas (*Dispute Boards*) em contratos administrativos celebrados pela Prefeitura Municipal de Patos de Minas.
>
> *A CÂMARA MUNICIPAL DE PATOS DE MINAS APROVA:*
>
> *Art. 1º Fica prevista a instituição de Comitês de Prevenção e Solução de Disputas (*Dispute Boards*) nos contratos administrativos celebrados pela Prefeitura Municipal de Patos de Minas, para dirimir conflitos relativos a direitos patrimoniais disponíveis em contratos da Administração Direta e Indireta.*
>
> *Parágrafo único. Os* Dispute Boards *serão previstos em edital e contrato celebrado e observarão o disposto nesta Lei.*
>
> *Art. 2º Os* Dispute Boards *terão as seguintes naturezas:*
>
> *I – revisora: denominados Comitês por Revisão, aos quais será conferido o poder de emitir recomendações não vinculantes às partes em litígio;*
>
> *II – adjudicativa: denominados Comitês por Adjudicação, aos quais será conferido o poder de emitir decisões contratualmente vinculantes às partes em litígio; ou*
>
> *III – híbrida: denominados Comitês Híbridos, que poderão tanto recomendar quanto decidir sobre os conflitos, cabendo à parte requerente estabelecer a sua competência revisora ou adjudicativa.*

§ 1º A natureza dos comitês de que tratam os incs. I a III do caput *deste artigo será definida pelo contrato administrativo de obra celebrado.*

§ 2º As decisões emitidas pelo Comitê por Adjudicação, em caso de inconformidade de uma das partes, poderão ser submetidas à jurisdição judicial ou arbitral.

Art. 3º O Comitê será instituído e processado de acordo com regras específicas de instituição especializada quando o edital de licitação ou o contrato a elas se reportar, podendo-se, igualmente, definir, em anexo contratual, a regulamentação própria para sua instalação e processamento.

Art. 4º Na composição do orçamento da contratação, deverão constar os valores a serem desembolsados pelo órgão contratante para o pagamento de honorários dos membros do Comitê.

§ 1º Competirá ao contratado privado o pagamento da integralidade dos custos atinentes à instalação e manutenção do Comitê.

§ 2º Competirá ao órgão contratante reembolsar o contratado privado no valor equivalente à metade dos custos referidos no § 1º deste artigo, após aprovação das medições previstas no contrato.

Art. 5º Os procedimentos atinentes ao Comitê deverão observar os princípios da legalidade e da publicidade e, no que couber, a legislação municipal que regulamenta as normas gerais para o processo administrativo no âmbito da Administração Municipal Direta e da Administração Municipal Indireta e normas especiais para a constituição de dívida não tributária no Município de Patos de Minas, visando, em especial, à garantia dos direitos dos administrados e à persecução dos fins da Administração Pública.

Art. 6º O Comitê será composto por 3 (três) membros com capacitação na respectiva área e de confiança das partes.

§ 1º Caberá ao órgão ou ente público contratante, em conjunto com a entidade contratada, indicar os membros que comporão o Comitê.

§ 2º O Comitê entrará em funcionamento após regularmente constituído por meio da assinatura, pelas partes e pelos membros, do respectivo Termo de Compromisso, que ocorrerá no prazo de 30 (trinta) dias, contados da data de celebração do contrato administrativo.

§ 3º Os membros do Comitê deverão desempenhar suas funções com imparcialidade, independência, competência e diligência.

Art. 7º Ficam impedidos de funcionar como membros do Comitê pessoas que tenham, com as partes ou com o litígio que lhes for submetido, algumas das relações que caracterizam os casos de impedimento ou suspeição de juízes, aplicando-se-lhes, no que couber, os mesmos deveres e responsabilidades, conforme previsto no Código de Processo Civil.

Parágrafo único. As pessoas indicadas para funcionar como membro do Comitê deverão revelar, antes da aceitação da função, qualquer fato que denote dúvida justificada quanto à sua imparcialidade e independência.

Art. 8º Os membros do Comitê, quando no exercício de suas funções ou em razão delas, ficam equiparados aos servidores públicos, para os efeitos da legislação penal.

Art. 9º Esta Lei entra em vigor na data de sua publicação.
Câmara Municipal de Patos de Minas, 17 de março de 2022.

Wanderlei Rodrigues Resende – Prof. Delei

Vereador

JUSTIFICATIVA:

É por todos conhecido o problema da demora e das disputas judiciais envolvendo contratos de construção ligados a obras públicas. Além disso, costuma-se verificar a necessidade de aditivos, bem como conflitos em torno da qualidade e da completude dessas obras. Como regra, essas obras são desenvolvidas após certames públicos que permitem sinergia entre a iniciativa privada e o poder público em relações de trato continuado.

Nesse contexto, o presente projeto de lei regulamenta as bases gerais para utilização, nos contratos com o poder público, de um mecanismo moderno de prevenção e solução de conflitos, qual seja, os Dispute Boards *(ou junta de solução de conflitos). Como já observa a doutrina brasileira, os* Dispute Boards *se destinam a prevenir que o objeto de uma contratação reste prejudicado em face de desentendimentos que afetem ou possam se avolumar até paralisar sua execução, com atrasos e prejuízos a todos os envolvidos.*

A técnica visa investigar, identificar e provocar a discussão das desavenças para sua solução em seu estágio inicial, através da designação pelas partes, desde o início da contratação de um especialista imparcial (neutral, *ou* single-person DB*) ou, alternativamente, de três especialistas imparciais que passarão a compor o* "Board"*. De regra, o* Board *(ou o* single-person DB*) acompanhará toda a execução do contrato para o qual foi indicado.*

Este projeto de lei busca regular as bases para a utilização dos Dispute Boards*, a exemplo do que já ocorre no Município de São Paulo (Lei nº 16.873, de 22 de fevereiro de 2018). A modalidade também já é objeto de projeto no* *âmbito federal (Projeto de Lei do Senado nº 206, de 2018, que regulamenta a instalação de Comitês de Prevenção e Solução de Disputas em contratos administrativos celebrados pela União, de autoria do senador Antonio Anastasia, do PSDB/MG). No Brasil, esse tipo de comitê já foi implementado em obras como a da Linha 4 – Amarela – do metrô de São Paulo.*

Os Dispute Boards *nascem como mais um método alternativo de solução de conflitos e, internacionalmente, são bastante utilizados. A Câmara de Comércio Internacional (ICC) já possui, inclusive, um regulamento geral relativo aos* Dispute Boards, *com uma série de previsões e cláusulas modelo a serem utilizadas. Como consta do próprio prefácio ao regulamento: O* Dispute Board *é um órgão permanente normalmente estabelecido na ocasião da assinatura ou no início da execução de um contrato de médio ou longo prazo para ajudar as partes a evitar ou superar quaisquer desentendimentos ou litígios que possam surgir durante a execução do contrato.*

Os Dispute Boards, *ou Junta de Solução de Conflitos, são comitês compostos por três membros imparciais (normalmente dois engenheiros e um advogado especialista), que são eleitos pelas partes contratantes para acompanhar toda a execução da obra e dar solução rápida aos litígios que corriqueiramente se instauram entre elas. O grande benefício desse meio de resolução de conflitos está no fato de que, por acompanharem a obra desde o primeiro dia de execução, os membros da Junta acabam conhecendo muito bem os problemas gerados ao longo dos trabalhos.*

Tradicionalmente, dois são os poderes que podem ser delegados à Junta, o de revisão ou recomendação e o de adjudicação ou decisão: de acordo com os limites contratualmente estabelecidos de vinculação das partes e de atuação do Board, *se estará diante de um* Dispute Review Board *(recomendação) ou de um* Dispute Adjudication Board *(adjudicação), com* status *jurídico diferente para cada uma das situações.*

Na primeira hipótese – Dispute Review Board *(DRB) –, após o exame dos argumentos de defesa e provas apresentadas por cada uma das partes, o* Board *emitirá uma recomendação de solução para o conflito, a qual, contudo, não é vinculante para as partes, tendo certa semelhança com a mediação, podendo ser sempre revista por arbitragem ou por ação judicial. Porém, faz parte da avença, se uma das partes não emitir uma expressa comunicação de insatisfação com a recomendação em determinado prazo, ela será definitiva.*

Na segunda hipótese – Dispute Adjudication Board *(DAB) – o* Board, *ao final do mesmo procedimento, emitirá uma decisão (adjudicação) que, em que pese não definitiva, é provisoriamente impositiva às partes – contém uma* interim-binding force *– que se aplica da seguinte forma: se uma das partes não emitir uma expressa comunicação de insatisfação com a decisão em determinado prazo, ela será definitiva; e, mesmo se a parte emitir a insatisfação, a decisão será vinculante até que venha a ser obtida uma nova decisão pela via da arbitragem ou do processo judicial, conforme for a forma estabelecida no contrato para solução final do conflito. Essa forma lembra mais uma arbitragem, em que pese a decisão seja provisória, como visto.*

É possível, ainda, constituir juntas mistas (que detenham poderes de revisão e de adjudicação), que, como bem

> *observa a doutrina especializada, nessa modalidade, a Junta profere recomendações, mas poderá ter natureza adjudicativa "diante de pedido expresso de adjudicação não objetado pela outra parte" ou ainda nos casos em que, mesmo tendo havido objeção, "for diagnosticado pelo* Board *urgência ou a necessidade de prevenir perda substancial, disruptura no contrato ou necessidade de preservar prova".*
>
> *Trata-se, como se pode verificar, de meio alternativo de solução de conflitos, na esteira de outros mecanismos como a conciliação, a mediação e a arbitragem, que se mostra adequado em casos específicos ligados a contratações. Dessa forma, como modo de incentivar a utilização desse mecanismo, o presente projeto de lei regula os aspectos centrais desse meio adequado de solução de conflitos para sua pronta aplicação pelo Poder Público Municipal.*
>
> *Conta-se, portanto, com o apoio dos pares para aprovação da presente proposição, que contribui para maior eficiência financeira e temporal e na solução de situações conflituosas no desenvolvimento de contratos entretidos pela Administração Direta e Indireta do Município de Patos de Minas com a iniciativa privada, especialmente em matéria de construção.*

O Projeto de Lei 54.55/22 que prevê a instituição de Comitês de Prevenção e Solução de Disputas (*Dispute Boards*) em contratos administrativos celebrados pela Prefeitura Municipal de Patos de Minas foi aprovado em Sessão Legislativa na Câmara Municipal de Patos de Minas em dois turnos, por unanimidade, no dia 12/05/2022 e segue para sansão do executivo Municipal. Esperamos que em breve esteja regulamentado para utilização daqueles que contratarem a Administração Pública local.

4

A CARTILHA SOBRE O *DISPUTE BOARDS* PUBLICADA PELA COMISSÃO DA OAB/MG

No ano de 2019, já no início do meu exercício da Presidência da Comissão de Arbitragem da OAB/MG, resgatei da gestão do meu antecessor, o ilustre jurista Francisco Maia Neto, as atividades do Núcleo de Trabalho do *Dispute Resolution Boards*. Convidei então os advogados membros da Comissão, Érico da Gama Torres, Lucila Carvalho, Renata Faria e Francisco Maia Neto, para comporem, juntamente comigo, o novo Núcleo do DRB ou CRD da CArb/OAB/MG para o triênio 2019-2021, já com a incumbência de lançarmos aquela que seria a primeira cartilha a tratar sobre o *Dispute Resolution Boards* no Brasil.

Esse núcleo, sob o comando do Coordenador Francisco Maia Neto, trabalhou de forma incansável até que, no dia 11 de janeiro de 2019, em reunião solene na sede da OAB/MG, fizemos o lançamento da *Cartilha DRB ou CRD Comitê de*

Resolução de Disputas: um meio dinâmico para prevenção e solução de conflitos.[1]

Essa cartilha conseguiu esclarecer de forma didática os seguintes questionamentos:

- O que é o Comitê de Resolução de Disputas?
- Esse instituto tem previsão legal?
- O Poder Judiciário reconhece o DRB ou CRD?
- Onde se utiliza o DRB ou CRD?
- Como o DRB ou CRD atua na solução de conflitos?
- Quem escolhe os membros do DRB ou CRD?
- Quais são os custos de um DRB ou CRD?
- É possível recorrer da decisão de um DRB ou CRD?

Por serem questionamentos elucidativos para todos aqueles que se interessam pelo tema, passo a transcrever a cartilha publicada pela OAB/MG2:

O que é DRB ou CRD?

Comitê de Prevenção e Solução (ou Resolução) de Disputas – Dispute Resolution Boards *(*DRB*), na língua inglesa – é*

[1] ORDEM DOS ADVOGADOS DO BRASIL – MINAS GERAIS – OAB/MG. **OAB Minas lança Cartilha sobre Comitê de Resolução de Disputas.** 11 nov. 2019. Disponível em: https://www.oabmg.org.br/Noticias/Index/9819/OAB_Minas_lanca_cartilha_sobre_Comite_de_Resolucao_de_Disputas. Acesso em: 21 jan. 2022.

[2] ORDEM DOS ADVOGADOS DO BRASIL – MINAS GERAIS – OAB/MG. Comissão de Arbitragem. **DRB ou CRB**: Comitê de Resolução de Disputas. Belo Horizonte, 2019. Disponível em: https://www.oabmg.org.br/pdf_jornal/cartilha.drb.oabmg_313.pdf. Acesso em: 15 abr. 2022.

um comitê de profissionais especialistas e imparciais, formado geralmente no início da execução do projeto, para acompanhar o progresso das obras de construção civil ou infraestrutura, prevenindo litígios e auxiliando na resolução de disputas no período de sua duração, por meio de recomendação e/ou decisão, segundo previsão contratual.

Este instituto tem previsão legal?

No âmbito federal, tanto a Lei de Parcerias Público-Privadas (Lei nº 11.079/2004, art. 11, III) quanto a Lei de Concessões (Lei nº 8.987/1995, art. 23-A) autorizam expressamente o emprego de mecanismos privados de resolução de disputas para dirimir conflitos decorrentes dos contratos administrativos regidos pelas referidas leis.

No âmbito municipal, a Lei Municipal nº 16.873/2018, de São Paulo, reconhece e regulamenta a instalação de Comitês de Prevenção e Solução de Disputas em contratos administrativos continuados celebrados pela Prefeitura de São Paulo.

No município de Belo Horizonte, encontra-se em andamento o Projeto de Lei nº 388/17, que prevê a utilização de comitês para dirimir conflitos em contratos da administração pública direta e indireta.

Além disso, tramita no Senado Federal o Projeto de Lei nº 206/2018, visando regulamentar a instalação de Comitês de Prevenção e Solução de Disputas em contratos administrativos continuados celebrados pela União.

A Comissão de Arbitragem da OAB/MG manifestou-se junto ao Senado Federal no PL nº 559/2013 (posteriormente PL nº 6.814/2017), que visa reformar a Lei nº 8.666/93. Nesse Projeto, é reconhecida a relevância dos meios alternativos de resolução de conflitos para os contratos administrativos, dentre eles os Dispute Boards, *ao lado da mediação, da conciliação e da arbitragem.*

O Poder Judiciário reconhece o DRB ou CRD?

O Superior Tribunal de Justiça já se pronunciou de modo expresso sobre a possibilidade de constituição de Comitê de Resolução de Controvérsias (REsp nº 1.569.422/RJ, Relator Ministro Marco Aurélio Bellizze). Veja-se trecho do acórdão:

> "Afigura-se absolutamente possível que as partes, por anteverem futuras e pontuais divergências ao longo da consecução do objeto contratual, ou por conveniência/necessidade em não se fixar, de imediato, todos os elementos negociais, ajustem, no próprio contrato, a delegação da solução de tais conflitos a um terceiro ou a um comitê criado para tal escopo e, também com esteio no princípio da autonomia de vontades, disponham sobre o caráter de tal decisão, se meramente consultiva; se destinada a resolver a contenda imediatamente, sem prejuízo de a questão ser levada posteriormente à arbitragem ou à Justiça Pública, ou se vinculativa e definitiva, disposição que, em qualquer circunstância – ressalvado, por óbvio, se existente algum vício de consentimento –, deve ser detidamente observada".

Onde se utiliza o DRB ou CRD?

O DRB OU CRD vem sendo utilizado em nível mundial prioritariamente em obras de infraestrutura, tendo como exemplos o terceiro jogo de eclusas do Canal do Panamá, os túneis do metrô de Toronto, Canadá e usinas hidrelétricas na China.

No Brasil, a experiência mais difundida é o metrô de São Paulo, Linha 4.

Nada impede a utilização dos DRB ou CRD em obras de menor vulto ou contratos de trato sucessivo em que haja a possiblidade de ocorrência de conflitos durante a sua execução.

Como o DRB ou CRD atua na solução de conflitos?

A atuação do DRB ou CRD ocorre por meio da análise de documentos, relatórios e elementos técnicos e jurídicos, juntamente com visitas periódicas ao local de execução do contrato, que se fazem também mediante reuniões com os seus intervenientes.

Contratualmente há três formas utilizadas para intervenção nos conflitos:

- *Comitê Revisor (equivalente ao DRB –* Dispute Review Board*): os especialistas emitem recomendações não vinculantes, que as partes se comprometem a cumprir; caso não cumpram, a questão pode ser encaminhada à arbitragem ou ao Poder Judiciário;*
- *Comitê de Adjudicação (equivalente ao DAB –* Dispute Adjudication Board*): os especialistas proferem decisões vinculantes que as partes se obrigam a cumprir imediatamente, por contrato; se insatisfeitas com a decisão, a questão pode ser encaminhada à arbitragem ou ao Poder Judiciário;*
- *Comitê Misto (equivalente ao CDB –* Combined Dispute Board*): os especialistas oferecem recomendações não vinculantes, mas podem proferir decisões vinculantes, se*

uma das partes solicitar, conforme critérios preestabelecidos. Da mesma forma, se insatisfeitas com a recomendação ou decisão, a questão pode ser encaminhada à arbitragem ou ao Poder Judiciário.

Quem escolhe os membros do DRB ou CRD?

Os membros do DRB ou CRD são geralmente escolhidos no início do contrato, algumas vezes no momento da assinatura.

A composição usual é a formação do Comitê por três especialistas independentes, preferencialmente com formações acadêmicas distintas, o que permite mesclar o conhecimento técnico, jurídico e científico, embora não haja óbice à contratação de consultores específicos para subsidiar os membros do DRB ou CRD em demandas pontuais.

De acordo com o Projeto de Lei do Senado nº 206/2018, art. 5º: "O Comitê será composto por três membros, preferencialmente engenheiros, advogados ou especialistas na área objeto do contrato, sendo: I – um escolhido pelo Poder Público; II – um escolhido pela contratada; III – um escolhido em conjunto pelos outros dois membros, o qual será o Presidente do Comitê".

No ato da escolha, é essencial lembrar que estarão impedidos de funcionar como membros do Comitê as pessoas que tenham, com as partes ou com o litígio que lhes for submetido, alguma das relações que caracterizam os casos de impedimento ou suspeição de juízes, aplicando-se lhes, no que couber, os mesmos deveres e responsabilidades, conforme previsto no Código de Processo Civil (art. 6º do PLS nº 206/2018).

Quais são os custos de um DRB ou CRD?

Os custos de contratação dos membros do DRB ou CRD normalmente são formados por uma parcela fixa, que visa cobrir as obrigações rotineiras decorrentes das análises documentais e visitas presenciais, e uma remuneração variável, referente às solicitações específicas para intervenção nos conflitos pontuais. Esses custos são divididos entre as partes.

Em estudos relacionados ao tema, em nível internacional, verifica-se que o percentual de custos encontrados para o DRB ou CRD, segundo o Dispute Resolution Board Foundation, situam-se entre 0,05% e 0,26% do valor total do contrato. (Disponível em: http://www.adambrasil.com/dispute-board-como-solucao-de-controversias/. Acesso em: 14 ago. 2019)

É possível recorrer da decisão de um DRB ou CRD?

O DRB ou CRD é um comitê de assessoramento que não tem poder adjudicatório definitivo.

Mesmo quando constituído para decidir um conflito, a decisão terá eficácia apenas no âmbito contratual, e poderá ser objeto de posterior revisão em sede de arbitragem ou perante o Poder Judiciário, segundo previsão contratual. Nesse caso, a decisão do DRB ou CRD prevalece até a sua confirmação ou revisão.

O modo didático estabelecido nessa cartilha, fez com que o instituto do *Dispute Boards* pudesse ser melhor conhecido, mesmo por aqueles que não têm familiaridade com os métodos adequados de solução de conflitos. Diversos exemplares físicos foram entregues a gestores públicos para que pudessem conhecer as vantagens de se utilizar Comitês de Resolução de Disputas previamente, em suas licitações. A *Cartilha DRB ou CRD*[3] é uma ferramenta gratuita disponibilizada pela OAB/MG de forma virtual, que, também, auxilia a disseminação da cultura da pacificação social.

3 ORDEM DOS ADVOGADOS DO BRASIL – MINAS GERAIS – OAB/MG. Comissão de Arbitragem. **DRB ou CRB**: Comitê de Resolução de Disputas. Belo Horizonte, 2019. Disponível em: https://www.oabmg.org.br/pdf_jornal/cartilha.drb.oabmg_313.pdf. Acesso em: 15 abr. 2022.

CONSIDERAÇÕES FINAIS

Por meio destas breves considerações sobre o assunto compreende-se que o *Dispute Boards* encontrou espaço na legislação brasileira. A autorização para utilizar os Comitês de Resolução de Disputas, expressa no artigo 151 da Lei nº 14.133/2021 - Nova Lei de Licitações –, de certa forma impele a edição de leis ordinárias para regulamentar com eficiência a utilização dos Comitês de Resolução de Disputas nos âmbitos federal, estadual e municipal, o que vem ocorrendo no Brasil desde a promulgação da Lei n° 16.873, de 22 de fevereiro de 2018, de autoria do diligente Vereador da cidade de São Paulo Caio Miranda Carneiro.

A população brasileira só tem a ganhar com a utilização dos Comitês de Resolução de Disputas. Após a abordagem do instituto, é possível verificar suas principais vantagens, devendo ser incentivada sua criação por meio de leis que visem regular o seu uso e o bom funcionamento dos Comitês de Resolução de

Disputas como forma de desjudicializar conflitos que possam surgir dos contratos de prestação continuada. Assim teremos, indubitavelmente, uma diminuição em obras inacabadas Brasil afora – consequentemente o desperdício de recursos –, e nossa população perceberá uma melhoria na qualidade do serviço prestado pela Administração Pública. As empresas também perceberão um ambiente mais seguro para entabular contratos administrativos, tornando as licitações públicas mais atraentes para o ambiente econômico. É importante ressaltar, como já ensinou o Professor Antonio Anastasia, que "não bastam as Leis. É importante que tenhamosº atores verdadeiramente preparados para assumir e coordenar esses comitês".

Este é o objetivo deste livro, assim como foi o objetivo de todas as ações deste autor em relação aos métodos adequados de solução de conflitos: formar bem aqueles que atuarão como negociadores, conciliadores, mediadores e árbitros, e disseminar a cultura da pacificação social, por meio do incentivo ao uso dos métodos adequados de solução de controvérsias, seguindo os ensinamentos de Jesus, no Evangelho de São Mateus – "Concilia-te depressa com o teu adversário, enquanto estás no caminho com ele, para que não aconteça que o adversário te entregue ao juiz e o juiz te entregue ao oficial de justiça, e te encerrem na prisão".[1]

1 Mateus 5.25.

REFERÊNCIAS

ARAGÃO, Joaquim José Guilherme de *et al.* **Parceria público-privada:** procedimento de avaliação qualitativa de riscos como ferramenta para desenho de contratos. 2004.

ASSOCIAÇÃO COMERCIAL, INDUSTRIAL E DE SERVIÇOS DE UBERABA – Aciu. **Pace da Aciu realizará audiências conciliatórias virtuais.** 8 maio 2020. Disponível em: https://aciu.com.br/noticias/9949/pace-da-aciu-realizar-audincias-conciliatrias-virtuais. Acesso em: 15 abr. 2022.

BELO HORIZONTE-MG. **Câmara Municipal. Lei 11.241/2020.** Regulamenta a utilização de Comitê de Prevenção e Solução de Disputas para prevenir e para solucionar conflito relativo a direito patrimonial presente em contrato administrativo de execução continuada. Disponível em: https://www.cmbh.mg.gov.br/atividade-legislativa/pesquisar-legislacao/lei/11241/2020. Acesso em: 15 abr. 2022.

BRASIL. Conselho Nacional de Justiça – CNJ. **Fux:** conciliação deve promover diálogo entre as partes para negociação possível. 9 nov. 2021. Disponível em: https://www.cnj.jus.br/fux-conciliacao-deve-promover-dialogo-entre-as-partes-para-negociacao-possivel/. Acesso em: 15 abr. 2022.

BRASIL. Conselho Nacional de Justiça – CNJ. **Justiça em Números 2021:** Judiciário manteve serviços com inovação durante a pandemia. 28 set. 2021. Disponível em; https://www.cnj.jus.br/justica-em-numeros-2021--judiciario-manteve-servicos-com-inovacao-durante-a-pandemia/. Acesso em: 15 abr. 2022.

BRASIL. Tribunal de Contas da União – **TCU. Informações sobre obras paralisadas estão incompletas, alerta TCU.** 2 jun. 2021. Disponível em: https://portal.tcu.gov.br/imprensa/noticias/informacoes-sobre-obras-paralisadas-estao-incompletas-alerta-tcu.htm. Acesso em: 15 abr. 2022.

BRASIL. Tribunal de Contas da União – **TCU. Obras paralisadas no país – causas e soluções.** 23 maio 2019. Disponível em: https://portal.tcu.gov.br/imprensa/noticias/obras-paralisadas-no-pais-causas-e-solucoes.htm

CÂMARA, Flávia; LEAL, Ronan. *Dispute board:* o método de solução de conflitos que vem ganhando espaço no Brasil. **Migalhas**. 24 ago. 2018. Disponível em:https://www.migalhas.com.br/depeso/286212/dispute-board--o-metodo-de-solucao-de-conflitos-que-vem-ganhando-espaco-no--brasil. Acesso em: 15 abr. 2022.

CARMO, Lie Uema do. **Contratos de construção de grandes obras**. 2012. Tese (Doutorado) – Faculdade de Direito, Universidade de São Paulo, São Paulo, 2012.

DANTAS, Rodrigo da Costa; DANTAS, Débora Correa. ***Dispute boards* e a prevenção de litígios.** Garibaldi: Faculdade FISUL, 2016.

FORTINI, Cristiana; AMORIM, Rafael. **Um novo olhar para a futura lei de licitações e contratos administrativos:** a floresta além das árvores. 2021. Disponível em: http://www.licitacaoecontrato.com.br/artigo_detalhe.html. Acesso em: 12 jan. 2022.

INSTITUTO BRASILEIRO DE AVALIAÇÕES E PERÍCIAS DE ENGENHARIA DE MINAS GERAIS – IBAPE-MG. **OAB-MG lança cartilha de boas práticas na arbitragem.** 31 ago. 2016. Disponível em:https://www.ibapemg.com.br/noticia/oab-mg-lanca-cartilha-de-boas-praticas-na--arbitragem/. Acesso em: 15 abr. 2022.

LEGISWEB. **Lei nº 18.824, de 30/08/2021 (Recife-PE)**. Dispõe sobre o regime das concessões e permissões de serviços públicos municipais e altera dispositivos da Lei nº 17.856, de 01 de janeiro de 2013. Disponível em: https://www.legisweb.com.br/legislacao/?id=419556. Acesso em: 15 abr. 2022.

LIMA, Isabela Ramagem. **Paralisação de grandes obras de infraestrutura, incompletude contratual, e desequilíbrio econômico-financeiro**: *dispute board* como método eficaz para prevenção e resolução de conflitos. 2020. Monografia (Conclusão de Curso) – Centro Universitário de Brasília – UniCEUB, Brasília, 2020.

MEDEIROS, Taísa. Com 24 mil obras paradas no país, CMO aprova propostas do Comitê que avalia irregularidades. **Correio Braziliense,** 14 dez. 2021. Disponível em: https://www.correiobraziliense.com.br/politica/2021/12/4970845--com-24-mil-obras-paradas-no-pais-cmo-aprova-propostas-do-comite-que--avalia-irregularidades.html. Acesso em: 18 jan. 2021.

ORDEM DOS ADVOGADOS DO BRASIL – MINAS GERAIS – OAB/MG. **Comissão de Arbitragem. DRB ou CRB: Comitê de Resolução de Disputas.** Belo Horizonte, 2019. Disponível em: https://www.oabmg.org.br/pdf_jornal/cartilha.drb.oabmg_313.pdf. Acesso em: 15 abr. 2022.

ORDEM DOS ADVOGADOS DO BRASIL – MINAS GERAIS – OAB/MG. OAB Minas lança Cartilha sobre Comitê de Resolução de Disputas. 11 nov. 2019. Disponível em: https://www.oabmg.org.br/Noticias/Index/9819/OAB_Minas_lanca_cartilha_sobre_Comite_de_Resolucao_de_Disputas. Acesso em: 21 jan. 2022.

ROCHA, Farley. Dilma sanciona lei e oficializa Dia Nacional do Milho no aniversário de Patos de Minas. **Patos Hoje,** 29 jan. 2015. Disponível em: https://www.patoshoje.com.br/noticias/dilma-sanciona-lei-e-oficializa-dia-nacional-do-milho-no-aniversario-de-patos-de-minas-42001.html. Acesso em: 15 abr. 2022.

RUIZ, Ivan Aparecido. Princípio do acesso justiça. *In:* CAMPILONGO, Celso Fernandes; GONZAGA, Alvaro de Azevedo; FREIRE, André Luiz (coord.). **Enciclopédia jurídica da PUC-SP.** São Paulo: Pontifícia Universidade Católica de São Paulo, 2017. Tomo: Processo Civil (coord. Cassio Scarpinella Bueno e Olavo de Oliveira Neto). Disponível em: https://enciclopediajuridica.pucsp.br/verbete/201/edicao-1/principio-do-acesso--justica. Acesso em: 15 abr. 2022.

POSFÁCIO

Recebi com muita honra e renovada alegria esta missão de posfaciar o livro escrito pelo dileto amigo Daniel Resende, que trata de um dos temas mais empolgantes de minha trajetória profissional e institucional, em que temos pautado de forma incessante, ao lado de renomados especialistas, uma luta pela desjudicialização dos conflitos, uma vez que esta cultura se encontra de tal forma arraigada em nossa sociedade que a esmagadora maioria dos brasileiros só enxerga o caminho do Judiciário para solucionar seus litígios.

Esta difícil realidade faz com que cada vez mais se avolumem processos em todas as instâncias, engrossando nossas estatísticas, que se traduzem no bem elaborado documento anualmente divulgado pelo CNJ, intitulado *Justiça em Números,* que podemos aqui sintetizar, para que tenham exata noção de sua realidade, no que se refere aos últimos números divulgados:

Ações em tramitação: 103,30 milhões

Número de novas ações: 25,8 milhões

Número de processos baixados: 27,9 milhões

Estoque de ações ao final de 2020: 75,4 milhões

Taxa de congestionamento: 73%

Casos novos por magistrado: 1.434

Casos novos por dia: 6,52

Número de processos por magistrado: 5.743

Magistrados por 100.000 habitantes: 8,46

Despesas do Poder Judiciário em relação ao PIB: 1,3%

Despesas do Poder Judiciário em relação ao orçamento: 11%

Custo por habitante: R$ 475,51

Custo por processo: R$ 968,71

Esta situação no leva à posição de país mais judicializado do mundo, o que traz consequências nefastas ao ambiente de negócios no Brasil, não obstante vozes respeitadas já se levantarem contra esta realidade, especialmente com relação à atuação do advogado, que no futuro não será mais visto como aquele que saberá propor uma boa demanda judicial, mas aquele que saberá evitá-la, buscando formas mais eficazes de solução dos conflitos.

Ainda que tenhamos experimentado uma evolução significativa neste posicionamento de nossa sociedade, que se reflete no surgimento de diversas inciativas que buscam prestigiar outros caminhos, dentre elas aquelas relacionadas aos diplomas legais que deram efetividade à mediação e à arbitragem, assim como o surgimento de um novo Código de Processo Civil, que prestigia e incentiva estas inciativas, sabemos que ainda temos um grande caminho a percorrer.

E nesta estrada que se descortina, podemos enxergar novos métodos, que se inserem no que denominamos em alguns artigos pulicados como a *"Quarta Onda dos MESCs"*, pois sucederam os movimentos anteriormente citados, que começaram com a publicação da Lei de Arbitragem, depois veio a Semana da Conciliação, por inciativa do CNJ, e finalmente a Lei de Mediação.

Destes o que mais se mostra eficaz e desenvolve-se com mais rapidez, sem sombra de dúvida, é o Comitê de Resolução de Disputas, conhecido pela sigla CRD, que constitui uma tradução do *Dispute Resolution Board,* método já consolidado em diversos países, consagrado internacionalmente pela sigla DRB, que orbita o universo das obras de infraestrutura em grandes projetos mundo afora.

Por esta razão, nada mais oportuno que a presente obra, pois traz uma luz sobre esta questão, oferecendo um aprendizado legislativo e um histórico de acontecimentos que certamente se somará a esta grande corrente que se formou no país nos últimos 25 anos em favor da desjudicialização de conflitos, tornando-se assim leitura obrigatória, não só aos operadores do direito, mas todos aqueles que necessitam de respostas ágeis às demandas empresariais e pessoais com as quais se defrontam.

Francisco Maia Neto
Engenheiro Civil e Advogado.
Presidente da Comissão de Mediação,
Conciliação e Arbitragem da OAB/MG.